GRANDEZAS DO BRASIL NO TEMPO DE ANTONIL
(1681-1716)

Raymundo Campos

6ª edição

Atual Editora

© Raymundo Carlos Bandeira Campos, 1996

Copyright desta edição:
SARAIVA S.A. LIVREIROS EDITORES, São Paulo, 2005.
Rua Henrique Schaumann, 270 – Pinheiros
05413-010 – São Paulo – SP
Fone: (0xx11) 3613-3000
www.editorasaraiva.com.br
Todos os direitos reservados.

Dados Internacionais de Catalogação na Publicação (CIP)
(Câmara Brasileira do Livro, SP, Brasil)

Campos, Raymundo Carlos Bandeira,
 Grandezas do Brasil no tempo de Antonil (1681-1716) / Raymundo Campos. – São Paulo : Atual, 1996. – (O olhar estrangeiro)

ISBN 978-85-7056-818-2

1. Brasil – História – Período colonial 2. Brasil – Usos e costumes I. Título. II. Série.

96-1837   CDD-981.02

Índice para catálogo sistemático:

1. Brasil : História : Período colonial 981.02

Coleção **O Olhar Estrangeiro**

Gerente de desenvolvimento de produto: Wilson Roberto Gambeta
Editora: Vitória Rodrigues e Silva
Assessora editorial: Dolores Fernandez
Chefe de preparação de texto: Noé G. Ribeiro
Preparação de texto: Maria Luiza Simões
Editora de arte: Thaís de Brüyn Ferraz Motta
Projeto gráfico: Glair Alonso Arruda
Pesquisadora iconográfica: Cristina Akisino
Gerente de produção editorial: Cláudio Espósito Godoy
Coordenador de produção editorial: Milton M. Ishino
Supervisão de revisão: Fernanda A. Umile
Editoração eletrônica: Silvia Regina E. Almeida/Grace Alves
Diagramação: KLN
Gerente de produção gráfica: Antonio Cabello Q. Filho
Produção gráfica: José Rogerio L. de Simone
Alex Sandro de Souza

SAC | 0800-0117875
De 2ª a 6ª, das 8h30 às 19h30
www.editorasaraiva.com.br/contato

6ª edição/2ª tiragem
2014

820622.006.002

IMPRESSÃO E ACABAMENTO
Bartira Gráfica e Editora S/A

Apresentação

Cada vez mais, nos dias de hoje, os estudos de história, desde o Ensino Fundamental, baseiam-se também no contato com as fontes.

Além do estudo da história, queremos saber como esta foi elaborada e como chegou até nós. Nesse sentido, um primeiro passo é o conhecimento das fontes utilizadas pelos historiadores para criar uma visão do passado. Estas fontes são as mais diversas: depoimentos orais, fotografias, filmes, gravuras, objetos, como moedas, selos, utensílios de cozinha, móveis e tantas outras. Mas sabemos que o historiador trabalha principalmente com fontes escritas, como documentos oficiais ou pessoais, cartas, jornais e livros, para reconstruir períodos da vida das sociedades.

O valor das fontes depende, em parte, dos historiadores, que delas retiram respostas para as suas investigações do passado.

Existem fontes de reduzido valor, escritas de forma incompleta ou obscura, que rendem pouco, ou seja, dão poucas respostas aos pesquisadores.

Existem também as fontes chamadas clássicas, possuidoras de grande número de fatos fidedignos e escritas de forma clara e precisa. São clássicas porque foram testadas muitas vezes, lidas e relidas por sucessivas gerações de historiadores, tornando-se obras fundamentais para a história dos povos. Nesse sentido, o exemplo mais citado é o dos poemas homéricos (*Ilíada* e *Odisseia*), obras básicas na construção da história da Grécia antiga.

O livro do padre Antonil, que vamos estudar resumidamente, é uma das obras clássicas para o conhecimento da sociedade brasileira no período colonial. Ele faz parte da nossa memória coletiva, mostrando com detalhes uma época da história da colônia, o início do século XVIII, quando começava o ciclo da mineração.

O livro se chama *Cultura e opulência do Brasil — por suas drogas e minas*, mas iremos nos referir a ele apenas como *Cultura e opulência*. Ele nos fornece um quadro da economia e da sociedade que, na colônia daquela época, se organizavam principalmente em torno de quatro produtos: açúcar, fumo, ouro e gado. Ele mostra como viviam e trabalhavam as pessoas, o que se produzia, as técnicas utilizadas na produção, como era distribuída a riqueza, as diversas classes sociais e, às vezes, o tipo de governo existente então.

O nosso trabalho foi apresentar a obra, o autor e sua época. E também resumir e tornar acessíveis os conteúdos do livro, dando a conhecer diversos dos seus textos na linguagem original, contando para isso com a ajuda de um Vocabulário, apresentado ao final do livro.

Este clássico, nesta forma resumida, ajuda a compreender aspectos do passado e problemas do presente, tais como: as formas de uso e de propriedade da terra, os problemas do trabalho livre, da escravidão e da condição social do negro, a formação da sociedade patriarcal e do autoritarismo da classe dominante brasileira, os efeitos do colonialismo na nossa formação e outras questões importantes para a sociedade atual.

SUMÁRIO

CAPÍTULO 1	Um retrato do Brasil	6
CAPÍTULO 2	O mundo do engenho	14
CAPÍTULO 3	"Na lavra do tabaco"	40
CAPÍTULO 4	Os tempos da febre do ouro	48
CAPÍTULO 5	O gado do sertão	64
CAPÍTULO 6	Misérias do Brasil	70
EXERCÍCIOS		74
VOCABULÁRIO		77
BIBLIOGRAFIA		80

CAPÍTULO 1

UM RETRATO DO BRASIL

Em setembro de 1711, o corsário francês Duguay Trouin atacou e saqueou o Rio de Janeiro, levando da cidade 610 mil cruzados em ouro, 500 caixas de açúcar e dezenas de cabeças de gado. Das principais riquezas do Brasil só faltou o fumo, que a esquadra francesa esperava conseguir num ataque à Bahia, que terminou não se realizando.

No mesmo ano de 1711, foi publicado em Lisboa o livro *Cultura e opulência do Brasil — por suas drogas e minas*, no qual se tratava detalhadamente das mais importantes riquezas da colônia, sendo seu autor um padre jesuíta italiano chamado João Antonio Andreoni, que adotou dois pseudônimos: André João Antonil e Anônimo Toscano.

Página de rosto da 1ª edição de *Cultura e opulência do Brasil*.

UM LIVRO ENTRE DUAS ÉPOCAS

Geralmente, quando estudamos de forma mais profunda um livro, é fundamental conhecer a biografia do autor, principalmente para acompanhar o desenvolvimento das suas formas de pensar e para saber como o livro surgiu na sua vida. Integrado à biografia, outro conhecimento importante é o da época em termos gerais e, especialmente, o da sociedade em que o autor viveu e produziu sua obra.

O livro de Antonil possui um sentimento de otimismo em relação à economia brasileira e ao futuro do Brasil. Esta visão otimista era um sentimento mais ou menos generalizado, no início do século XVIII, nos países do chamado mundo ocidental, isto é, Europa e Américas. Tal forma de pensar resultava do crescimento econômico e dos progressos das ciências, das técnicas e da cultura em geral, indícios de superação dos muitos problemas do século anterior.

Um tempo de crises

O século XVII, segundo os historiadores, foi um período que começou mal e terminou bem. O seu início foi agitado por profecias supersticiosas de crise e destruição, surgidas a partir do aparecimento do cometa Halley, que passou próximo da Terra em 1618. Durante muitos anos, à medida que surgiam problemas que nada tinham de sobrenaturais, as profecias pareciam se confirmar e ajudavam a agravar a situação.

Depois da grande expansão territorial e econômica do século XVI, a partir de 1620 a economia de diversos países europeus parou de crescer e entrou em crise, gerando a ruína e o fechamento de inúmeras empresas comerciais e manufatureiras. A Companhia Holandesa das Índias, por exemplo, teve grandes prejuízos e procurou diminuí-los invadindo as regiões açucareiras do Brasil.

Além da crise econômica, ocorreram em vários países catástrofes, como epidemias, revoltas, revoluções e guerras que geraram terríveis devastações.

Esta situação na Europa repercutiu nos países coloniais da América, principalmente por uma diminuição nas exportações para o Velho Mundo.

Na Europa e nas Américas a crise econômica e social, bem como as contínuas guerras, contribuíram para o fortalecimento do poder das monarquias que, na maioria dos países, tornaram-se absolutistas.

As mudanças no poder político se fizeram acompanhar do aumento da intervenção dos governos na economia, por meio da chamada política mercantilista, que estabelecia controles sobre preços, salários e qualidade dos produtos. Além disso, foram criados inúmeros monopólios, isto é, o Estado passou a ter domínio exclusivo sobre diversas atividades comerciais e produtivas.

O mercantilismo se fez sentir principalmente nas colônias americanas, que tiveram as suas economias sob intervenção permanente. O Brasil, por exemplo, pelo chamado pacto colonial, só podia fazer comércio com a metrópole, e inúmeras das suas atividades econômicas, como mineração de diamantes, comercialização de escravos, de fumo e de outros produtos, eram controladas pela administração portuguesa ou por companhias que dela recebiam concessões.

O que aconteceu no Brasil

Portugal, dominado pela Espanha, recuperou a sua independência em 1640, em meio à guerra e à ruína econômica agravada pela perda, durante o domínio espanhol, de diversas colônias, entre as quais o Nordeste brasileiro, perdido para a Holanda.

Os holandeses foram expulsos do Nordeste em 1654, mas iniciou-se então uma fase de crise para a indústria açucareira da região por causa da concorrência dos produtores antilhanos. Este processo de declínio durou muitos anos e, várias vezes, foi interrompido por períodos de renascimento da atividade, reflexos da melhoria das condições econômicas na Europa. Tal foi o caso do período de prosperidade iniciado ao final da década de 1680 e que iria durar até 1710.

Nos últimos anos do século XVII, a situação no Brasil não melhorou apenas para o açúcar, mas também para produtos como o fumo e os couros. O novo dinamismo que tomava conta da colônia acentuou-se com as sucessivas descobertas de ouro em territórios que formam hoje o Estado de Minas Gerais.

Foi em meio a essa situação marcada por promessas de progresso econômico que o padre Andreoni escreveu o *Cultura e opulência*, um detalhado retrato do país na época.

QUEM ERA ANTONIL?

Andreoni nasceu em Luca, na região italiana da Toscana, no ano de 1649. Esta região, nos fins da Idade Média, havia conhecido os métodos modernos do capitalismo comercial, tornando-se rica com o comércio e as manufaturas, mas, cem anos antes do nascimento do escritor, entrou em prolongada decadência como todo o resto da Itália.

Depois de estudar Direito Civil durante três anos, Andreoni, em 1667, optou pela vida religiosa, entrando para a Companhia de Jesus.

A ordem de Santo Inácio vivia um período de apogeu na Europa e nas Américas. Dedicando-se basicamente à pregação e ao ensino, os jesuítas possuíam grande poder político no interior da Igreja Católica e nas várias classes sociais dos diversos países católicos. Durante o século XVII, uma das maiores expressões da ordem era o padre Antônio Vieira, pregador de fama internacional que viveu longo tempo no Brasil. Andreoni conheceu Vieira quando este pregava em Roma e, influenciado pelo grande pregador, veio para a Bahia em 1681.

Desde o primeiro governo-geral a Companhia de Jesus se encontrava no Brasil realizando trabalhos de cristianização dos índios e de pregação e ensino aos colonos. A sua influência espiritual e política na sociedade da colônia aumentava continuamente. Um dos seus maiores núcleos encontrava-se em Salvador, onde fora criado um importante seminário. Ali Andreoni foi ordenado e viveu durante 35 anos, morrendo em 1716 de "dor de cálculos".

Sua carreira foi brilhante. Começou como professor e chegou rapidamente a postos importantes como o de secretário de vários provinciais, que eram os supremos mandatários da ordem. Realizou um sem-número de trabalhos na Companhia e, em muitos deles, utilizou os seus conhecimentos jurídicos, como foi o caso da elaboração e interpretação de testamentos de pessoas da classe dominante local. Este e outros trabalhos lhe forneceram um bom conhecimento da economia colonial, que ele utilizou em seu livro.

Entre os anos de 1706 e 1709, exerceu o cargo de provincial, e isto apesar das restrições que os estrangeiros sofriam na colônia.

Desde 1693 o governo português havia promulgado leis que proibiam aos padres estrangeiros várias atividades e a ocupação de cargos importantes mesmo na Igreja. Andreoni criticou essas leis e, usando seu prestígio entre os elementos da classe dominante colonial, frequentemente deixou de obedecê-las, como mostra o fato de ter chegado ao topo da hierarquia da ordem, tornando-se provincial.

Durante os 35 anos em que viveu no Brasil, em meio aos seus trabalhos ligados ao direito e à economia, Andreoni teve permanentes contatos com a classe dominante da colônia, chegando a ser amigo de inúmeros governadores, que o consideravam como português e chegaram a interceder por ele contra as leis discriminatórias. Mesmo assim, várias vezes sofreu discriminação, como quando foi proibido de visitar a região das minas, sobre a qual ele escreveu um detalhado capítulo em seu livro.

O LIVRO

Para vários historiadores *Cultura e opulência* foi escrito entre 1708 e 1710. No ano seguinte foi publicado em Lisboa, depois de receber o *nihil obstat** de autoridades religiosas.

Mas assim que a publicação ficou pronta na tipografia, foi abruptamente condenada pelas autoridades portuguesas ao confisco e à destruição, salvando-se pouquíssimos exemplares, um dos quais chegou ao Brasil, logo depois, contrabandeado.

Como explicar a atitude do governo português, proibindo uma obra escrita por pessoa de grande prestígio e que havia recebido aprovação das autoridades religiosas?

O governo não divulgou as suas razões, como era frequente acontecer nos regimes absolutistas da época, mas os historiadores deram algumas explicações para a proibição.

Em primeiro lugar, a medida repressiva era típica da política mercantilista, pela qual cada nação procurava manter segredo sobre as suas riquezas e as suas práticas comerciais e manufatureiras. Nessa

---

* As palavras com asterisco são definidas no Vocabulário, no final do livro.

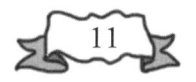

época, os portugueses pensavam que as suas técnicas para a produção de açúcar eram as mais aperfeiçoadas e queriam impedir a sua divulgação.

Por outro lado, o livro tratava das recentes descobertas das minas de ouro, mostrando inclusive os caminhos para se chegar às regiões mineradoras. Temia-se que a divulgação das riquezas e dos caminhos que levavam a elas aumentasse a cobiça das potências europeias com relação ao Brasil-colônia, gerando-se a partir daí tentativas de conquista ou ataques de piratas, como o que havia ocorrido no Rio de Janeiro.

O poder de Lisboa também proibiu o livro porque este mostrava um Brasil muito mais rico e dinâmico que a decadente metrópole portuguesa, e, dessa forma, poderia fortalecer nos brasileiros sentimentos nativistas. Estes começavam a emergir em acontecimentos como a Guerra dos Emboabas*, na região das minas (1708-1709), e a Guerra dos Mascates (1710-1711), em Pernambuco.

Proibido e destruído na sua primeira edição, o livro de Antonil sobreviveu através dos poucos exemplares que restaram na Europa e no Brasil e, dessa forma, ainda no século XVIII a obra começou a ser utilizada por alguns estudiosos da economia brasileira.

Depois da independência, durante o século XIX, surgiram novas edições que passaram a ser muito utilizadas pelos historiadores. No entanto, dado o fato de que o autor havia usado dois pseudônimos (André João Antonil e Anônimo Toscano), o seu verdadeiro nome não era conhecido, e só foi descoberto em 1886, pelo historiador Capistrano de Abreu.

As fontes de Antonil

Foram variadas as fontes e os recursos empregados na elaboração de *Cultura e opulência*. Um recurso de grande importância para a elaboração do livro foram as viagens que o autor realizou pelo litoral açucareiro e pelo sertão do Nordeste. Viajando e permanecendo nessas regiões, ele obteve um sem-número de informações, conversando com "grandes e pequenos" e anotando o produto dessas conversas. Muito importantes como fontes foram os testamentos e outros documentos comerciais e jurídicos, que permitiram a Andreoni bons conhecimentos sobre o funcionamento da economia colonial. Além disso, ele também se baseou em vários livros já existentes sobre o Brasil, especialmente no estudo de um certo padre Barnabé sobre o chamado engenho da Pitanga e no livro do seu compatriota, o jesuíta Jorge Benci, *A economia cristã dos senhores de escravos,* publicado em 1700, que tratava das relações entre os senhores e a mão de obra escrava.

Uma visão de síntese

O livro de Antonil possui quatro partes, cada uma dividida em capítulos. A primeira, mais importante e mais extensa, trata do açúcar e tem como figura central o senhor do engenho.

O próprio autor vai dizer que esta parte da obra é uma espécie de manual para aqueles que já possuíam ou pretendiam estabelecer um engenho. Dessa forma, ele mostra em detalhes tudo o que se refere à produção da cana e do açúcar, bem como o processo de comercialização do produto. São descritos os tipos de terras, as formas de plantar e colher, a fabricação do produto no engenho, a comercialização, os possíveis sucessos e fracassos. Ao mesmo tempo, descreve com riqueza de detalhes as relações sociais entre senhores, escravos e trabalhadores livres, a vida cotidiana e os trabalhos de homens e mulheres que viviam principalmente em função da grande unidade produtiva.

A segunda parte trata do tabaco. Mostra como o produto passou a ser cada vez mais consumido no Brasil e no mundo, como era produzido, comercializado e contrabandeado. Ao contrário do que acontece na parte relativa ao açúcar, o autor praticamente não trata dos proprietários das plantações de fumo.

A parte sobre a mineração é também extensa e desenvolve variados temas, como as primeiras descobertas do ouro, o povoamento nas regiões onde o metal estava aparecendo, as formas de descobrir e extrair o minério, a administração do território, os impostos, o comércio e o contrabando. É um retrato extremamente interessante de um novo tipo de sociedade que surgia no Brasil colonial.

A parte menos desenvolvida do livro é a que estuda o gado no sertão do Nordeste. Mesmo assim, aí encontramos, num texto rico em detalhes e cheio de vida, um bom retrato daquilo que Capistrano de Abreu chamou de civilização do couro.

Algo muito importante na obra é que ela mostra as relações de cada região produtora com o mercado internacional e com as outras partes do Brasil. Assim, por exemplo, os criadores de gado do sertão nordestino vendiam couros para o exterior e para a região produtora de fumo, onde o produto servia como embalagem; o gado em pé era fornecido para as regiões dos engenhos e da mineração.

Ainda que, em poucos momentos, tenha misturado crenças religiosas com fatos econômicos, tenha omitido e até mesmo deformado alguns aspectos da realidade, o pensamento de Antonil é bastante realista. Ele, que foi considerado o primeiro economista brasileiro, trata principalmente de fatos, das coisas e acontecimentos como eram, e não como desejaria que fossem. Tudo isso num texto que fez dele, inclusive segundo os seus críticos, um dos melhores escritores do período colonial brasileiro.

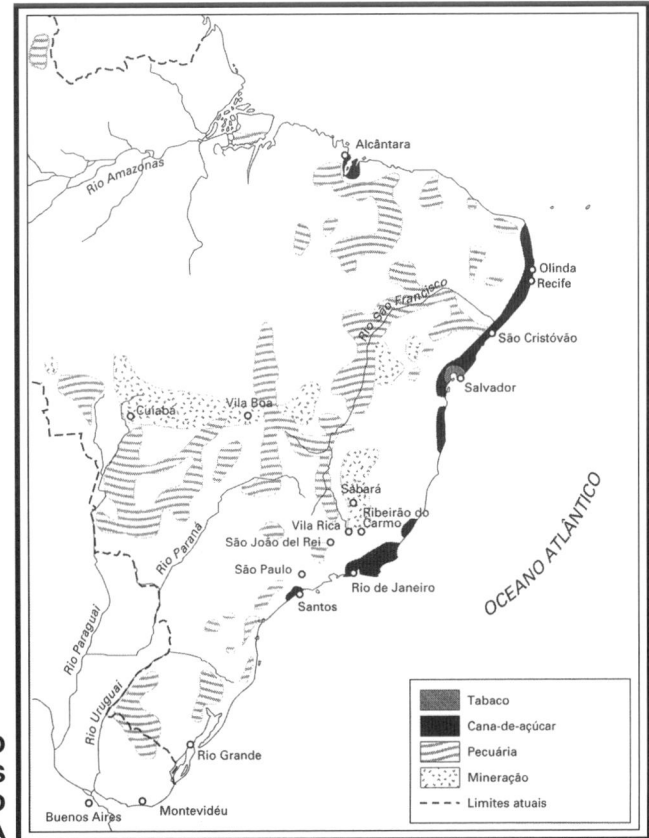

LOCALIZAÇÃO DAS ATIVIDADES ECONÔMICAS NO BRASIL-COLÔNIA

CAPÍTULO 2

O MUNDO DO ENGENHO

Nos primeiros anos do século XVIII, a produção açucareira vivia ainda uma de suas fases de renascimento, mas, para muitos, a mineração aparecia como a atividade econômica de maior futuro. Antonil, no entanto, achava que a riqueza do ouro era algo dependente da sorte e afirmava que as verdadeiras "minas" do Brasil eram os engenhos e as plantações de fumo.

Na parte que trata do engenho, *Cultura e opulência* nos fornece informações para entendermos alguns problemas profundos, estruturais, da realidade brasileira e especialmente nordestina. Nele podemos estudar a mentalidade autoritária da classe dominante; o trabalho escravo e o desprestígio do trabalho livre; o funcionamento de uma agroindústria que se assemelhava a uma fábrica moderna; a economia colonial, com base na monocultura e voltada para o exterior; as formas predatórias de cultura do solo — problemas do passado e do presente.

ORIGENS DE UMA AGROINDÚSTRIA

O açúcar e suas técnicas de produção foram levados à Europa pelos árabes no século VIII, durante a Idade Média, mas foi principalmente a partir das Cruzadas (séculos XI a XIII) que a sua procura foi aumentando. Nessa época passou a ser importado do Oriente Médio e produzido em pequena escala no sul da Itália, mas continuou a ser um produto de luxo, extremamente caro, chegando a figurar nos dotes de princesas casadoiras.

A diminuição de preços, acompanhada pelo aumento do consumo, começou a ocorrer nas primeiras décadas do século XV, quando os portugueses iniciaram a produção nos Açores e na Ilha da Madeira. Portugal estava empenhado nas navegações pelo Atlântico e os lucros com a empresa açucareira foram também investidos nesse processo de expansão marítima e descobertas. Foi então que os portugueses adquiriram importantes conhecimentos sobre o funcionamento dos engenhos que mais tarde utilizariam no Brasil.

A produção nas ilhas portuguesas foi, em grande parte, financiada por comerciantes holandeses, que passaram a controlar a distribuição do açúcar em toda a Europa, ficando com a maior parte dos lucros.

Era através da frota de navios da Companhia das Índias Ocidentais, retratada neste quadro, que o açúcar brasileiro chegava à Europa.

Inícios da economia brasileira

No Brasil, as primeiras mudas de cana chegaram a São Vicente com a expedição colonizadora de Martim Afonso de Souza, em 1530, e naquele mesmo ano começou a organização de um engenho, mais tarde chamado São Jorge dos Erasmos, em homenagem ao santo e aos filhos do comerciante holandês Erasmo Schetz.

Por várias razões a produção açucareira não progrediu em São Vicente, ao mesmo tempo que apresentou um rápido desenvolvimento nas capitanias do Nordeste, especialmente na Bahia e Pernambuco. Isso se deveu às condições favoráveis encontradas nas duas capitanias, como maior proximidade com o mercado europeu, boa oferta de terras e particularmente o solo massapé, famoso por sua fertilidade, além de uma série de rios navegáveis que, próximos da costa, facilitavam os transportes.

Ao final do século XVI existiam no Brasil, principalmente no Nordeste, 120 engenhos, aos quais o governo português havia dado uma série de incentivos: terras em sesmarias*, isenções de impostos, autorização para escravizar índios e depois para importar escravos africanos. Estes somavam 20 mil nos últimos anos do século e o seu número iria aumentar rapidamente, pois o tráfico estava se revelando um negócio extremamente lucrativo para o governo e para os comerciantes da metrópole.

Quanto aos lucros dessa atividade açucareira, o economista Celso Furtado calculou que a renda produzida na região aproximava-se da fantástica soma de 2 milhões de libras. Desse total, uma parte ínfima de 5% servia para pagar e sustentar os escravos e os poucos trabalhadores livres, enquanto os 95% restantes ficavam nas mãos dos comerciantes, geralmente holandeses, que financiavam o empreendimento, e dos senhores de engenho. O Nordeste havia se tornado a região mais rica da América, mas problemas como a concentração de renda e a transferência de riqueza para o exterior estavam começando a surgir na história do Brasil.

Os comerciantes holandeses continuavam a controlar a distribuição do açúcar na Europa, garantindo fabulosos lucros que, ao longo dos anos, eles trataram de aumentar, diminuindo a parte que ficava com os senhores de engenho.

Depois de uma fracassada ocupação da Bahia em 1624-1625, os holandeses, através da Companhia das Índias Ocidentais, dominaram

Nesta gravura o holandês Barleus retratou as instalações do engenho e uma casa-grande do século XVII.

Pernambuco e outras capitanias do Nordeste entre os anos de 1630 e 1654. Quando eles foram expulsos, estabeleceram engenhos nas Antilhas e passaram a ser os grandes concorrentes da produção brasileira, que começou a declinar na segunda metade do século XVII.

No início do século XVIII, quando foi escrito *Cultura e opulência*, a produção açucareira do Nordeste vivia um período passageiro de prosperidade, e o açúcar continuava a ser o produto mais importante da economia brasileira.

ORGANIZAÇÃO E FUNCIONAMENTO DOS ENGENHOS

Em termos gerais, a palavra engenho designava as plantações de cana, as instalações onde era elaborado o açúcar, a casa-grande onde residia o senhor, a senzala dos escravos, a capela e outras dependências. As partes fundamentais eram os canaviais e as instalações de onde saía o produto final, que se assemelhavam a uma fábrica.

A cana plantada

Em *Cultura e opulência* podemos ler: "As terras boas ou más são o fundamento para ter em engenho real* ou em qualquer engenho bom ou mau rendimento". As melhores terras eram as chamadas massapés, terras "negras e fortes".

Na fase da preparação, a terra escolhida era roçada, queimada e limpa para que pedaços de cana fossem plantados em regos. Geralmente o plantio em terras altas era iniciado "com as primeiras águas" de fevereiro-março, continuando até maio; nos terrenos baixos e úmidos podia continuar pelos meses de julho e agosto.

Em poucos dias os "olhos" da cana começavam a brotar e algum tempo depois se iniciava o trabalho de "alimpar" o canavial que estava se formando, tirando o mato e as ervas daninhas, para que a cana não fosse "afogada". Em terras úmidas eram necessárias até três limpas, em outras bastavam duas.

Os cuidados com os canaviais dependiam em grande parte das condições climáticas. O calor excessivo, as chuvas em demasia ou fora de época implicavam esforços redobrados. Outro grave problema eram os animais como cabras, porcos, bois e cavalos, que devoravam principalmente os brotos da cana e chegavam a causar queixas, inimizades, ódios e até mortes entre vizinhos.

A cana colhida

A colheita da cana podia ser feita dezessete, dezoito meses depois do plantio "se a seca a não apertar". Era colhida depois de combinado o dia em que ia ser moída e transformada em açúcar, pois uma vez cortada ela começava a secar. Cabia ao senhor do engenho, ajudado pelo seu feitor, estabelecer um calendário que marcava os dias da moagem da sua cana e da cana dos lavradores obrigados*.

De cada vez, os maiores engenhos moíam uma tarefa de cana, medida que equivalia a 24 carros de bois com oito palmos de alto por sete de largo, cheios com aproximadamente 150 feixes.

O corte devia ser feito em dia sem chuva, iniciando-se pelos canaviais mais antigos. Escravos cortavam a cana e limpavam a palha, e escravas amarravam os feixes, que em média possuíam doze canas.

Antonil calculava que, no auge da colheita, cada escravo podia cortar até 350 feixes por dia. Para isso, tornava-se necessário um incentivo e, geralmente, depois dessa cota diária, deixava-se os escravos gastarem livremente o tempo que havia sobrado.

Uma vez feita a colheita, o processo de produção devia prosseguir até o fim sob pena de a matéria-prima secar ou azedar. Por isso é que o açúcar devia ser fabricado no local das plantações, não sendo possível plantar a matéria-prima na colônia e fabricar o produto na Europa.

Do caldo ao açúcar

As descrições feitas em *Cultura e opulência* basearam-se em grande parte no engenho Sergipe do Conde, pertencente à Companhia de Jesus, famosa pela boa administração de suas propriedades. Era um engenho real, isto é, tinha a sua moenda movimentada pela energia de um moinho d'água, o que para a época representava um grande avanço técnico.

Era principalmente esse tipo de engenho que se assemelhava parcialmente às primeiras fábricas que iriam surgir com a Revolução Industrial inglesa, dotadas de máquinas e com o trabalho dividido. Os engenhos possuíam máquinas que eram as moendas, e neles o trabalho era extremamente disciplinado, dividido em várias etapas e em turnos que entravam pela noite adentro. Os sinos precediam os apitos na marcação das horas de trabalho do dia.

Na moenda

Antonil realizou uma descrição minuciosa do funcionamento da moenda que hoje interessa principalmente aos estudiosos da história das técnicas. Nos engenhos reais, a força que movimentava a moenda advinha de água que, despejada de uma grande calha, movimentava um moinho de onde saía a força motriz para os cilindros onde a cana era moída.

Antes da moagem, as canas eram limpas da palha e da lama, chegando a ser lavadas quando necessário.

O fabrico do açúcar funcionava como uma linha de produção: da moenda o caldo chegava às caldeiras para ser cozido, como revela esta gravura de Henry Koster.

Nos grandes engenhos chegava-se a moer sete tarefas de cana "em uma semana das que chamam solteira", isto é, semana sem dia santo. O rendimento na produção do açúcar, no entanto, não dependia apenas da quantidade de matéria-prima, mas da qualidade, ou seja, a cana devia ser bem açucarada e "não aguenta, nem velha".

Além de um feitor e de um vigia, apenas sete ou oito escravas trabalhavam na moenda. As mulheres eram vistas como mais cuidadosas para um tipo de trabalho que não exigia muita força, mas que podia ser perigoso porque

[...] *se por desgraça a escrava que mete a cana entre os eixos, ou por força do sono, ou por cansada, ou por qualquer descuido, meteu* *desatentamente a mão mais adiante do que devia, arrisca-se a passar moída entre os eixos, se não lhe cortarem logo a mão ou o braço apanhado, tendo para isso junto da moenda um facão, ou não forem tão ligeiros em fazer parar a moenda, [...] E este perigo é ainda maior no tempo da noite, em que se mói igualmente como de dia, posto que se revezem as que metem a cana, particularmente se as que andam nesta ocupação forem boçais* ou costumadas a se emborracharem*.*

O caldo obtido do trabalho incessante da moenda era recolhido em uma grande vasilha — o chamado parol* — que, uma vez cheia, era levada a outra etapa da produção.

A casa das fornalhas

Este setor, que podia contar com até seis fornalhas, era o de trabalho mais penoso e foi descrito da seguinte forma:

[...] bocas verdadeiramente tragadoras de matos, cárcere de fogo e fumo perpétuo e viva imagem dos vulcões, Vesúvios e Etnas e quase disse do Purgatório ou do Inferno.

Ali o trabalho dos escravos era principalmente alimentar o fogo de acordo com as instruções do caldeireiro que coordenava a fervura do caldo.

Antonil, com um toque de moralismo religioso, mostra que os escravos escolhidos para a casa das fornalhas eram

[...] boubentos* e os que tem corrimentos* obrigados a essa penosa assistência para purgarem com suor violento os humores gálicos* de que têm cheios seus corpos.

Ou seja, eram colocados nesse trabalho escravos portadores de doenças sexuais, e acreditava-se que esse tipo de atividade fosse uma forma de curá-los. Existiam ainda outros condenados ao fogo das fornalhas, descritos como

[...] facinorosos, que presos em compridas e grossas correntes de ferro pagam neste trabalhoso exercício os repetidos excessos da sua extraordinária maldade, com pouca ou nenhuma esperança de emenda.

Como se pode ver, não era nem um pouco doce o processo de produção do açúcar.

Mas além de castigarem seres humanos as caldeiras necessitavam de grandes fornecimentos de lenha que, muito cedo, esgotaram as matas próximas dos engenhos. Tornou-se necessário procurar florestas distantes, cuja madeira, extraída por escravos, era transportada por barcos e carros de bois até o seu destino. Nem mesmo um observador inteligente como o autor de *Cultura e opulência* pensou na devastação ecológica que estava por vir em futuro pouco distante, como podemos ver em suas palavras:

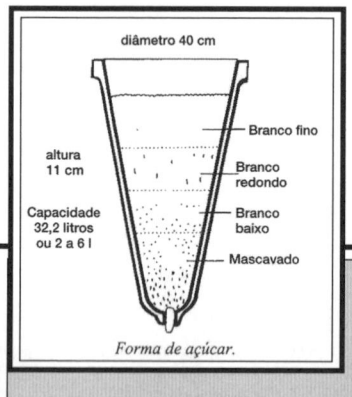

[...] só o Brasil, com a imensidade dos matos que tem, podia fartar, como fartou por tantos anos, e fartará em tempos vindouros, a tantas fornalhas, [...].

FERLINI, Maria Lúcia Amaral. A civilização do açúcar nos séculos XVI a XVIII. São Paulo: Brasiliense, 1983

diâmetro 40 cm
altura 11 cm
Capacidade 32,2 litros ou 2 a 6 l
Branco fino
Branco redondo
Branco baixo
Mascavado

Forma de açúcar.

Mais uma vez se reafirmava a crença no caráter inesgotável dos recursos brasileiros que, segundo alguns historiadores, apareceu com a carta de Pero Vaz de Caminha e durou até a segunda metade do século XX.

O trabalho na casa das fornalhas apresentava certa complexidade. Era importante manter a quantidade e a qualidade certa de fogo, do contrário o caldo corria o risco de transbordar nas tachas ou passar do ponto. Quando fervido, o caldo expelia uma série de impurezas que flutuavam e deviam ser retiradas da superfície das tachas. Além disso, realizava-se o processo de decoada* para que ele pudesse passar a outra etapa.

Da casa dos cobres ao produto acabado

Próximo das caldeiras, existia uma parte do engenho constituída por um conjunto de vasilhas de cobre (paróis, bacias e tachas) onde o mel formado no fogo continuava a ser limpo e purificado em sucessivas operações. Depois era posto a coalhar, cozer mais quando necessário, e bater, sempre nessas grandes vasilhas.

Todas essas importantes operações na chamada casa dos cobres eram coordenadas pelo mestre do açúcar e seu auxiliar, o contramestre, também chamado banqueiro, que assumia a coordenação nos turnos da noite. Principalmente da habilidade desses dois trabalhadores especializados, que eram muito bem pagos, dependia a qualidade do açúcar.

Depois de coalhar, cozer e bater, o açúcar era colocado em formas de barro queimado, que pareciam sinos colocados de boca para cima e com um furo embaixo por onde saíam subprodutos do processo de purgação do açúcar. Esta última operação era realizada com um tipo especial de barro que, posto na boca das formas,

Esta gravura do século XVII, de Marcgraf, revela como se dava a etapa do cozimento do caldo da cana, com a retirada das impurezas.

desencadeava o processo químico da purgação. O açúcar menos purgado era o que ficava no fundo das formas e era chamado de mascavado.

Terminado o processo de branqueamento, o açúcar era retirado das formas e posto a secar em grandes balcões, em dia bem claro, visando eliminar a umidade. O açúcar escuro retornava ao processo de purgar.

O balcão de secar funcionava sob a supervisão do chamado caixeiro, responsável também pelo trabalho de pesar, repartir e encaixotar o produto. Neste último momento da embalagem, realizava-se uma divisão separando-se a parte do senhor, a dos lavradores obrigados e o dízimo* "que se deve a Deus". Nas caixas onde se acomodava o produto deviam ser feitas marcas mostrando o número de arrobas, o nome do produtor e o do destinatário.

GENTE DO ENGENHO

Além do processo de produção do açúcar, Antonil legou aos historiadores uma descrição também minuciosa das relações sociais entre as pessoas que trabalhavam e viviam nos engenhos.

As divisões sociais

O centro da sociedade formada pelo engenho era o senhor, "homem de cabedal que devia ser servido, obedecido e respeitado".

A base do poder dos senhores era a terra que eles, ou seus antepassados, frequentemente haviam recebido por doação em sesmarias. Além da terra, o cabedal dos senhores se media pelas instalações do engenho e pelo número de escravos que possuíam. Estes, na frase conhecida de Antonil, "eram os pés e as mãos do senhor".

Depois dos senhores, na hierarquia da sociedade açucareira apareciam os proprietários de fazendas que só produziam a cana e os lavradores que arrendavam terras do engenho. Estes dois tipos de produtores tinham obrigação de moer a cana e fazer o açúcar num engenho, pagando pelo trabalho com uma parte do produto final.

O engenho empregava inúmeros trabalhadores especializados, que recebiam salários ("soldadas"), dentre os quais os mais importantes eram o feitor-mor, responsável pelas plantações e pela fábrica em termos gerais, e o mestre do açúcar, que dirigia os trabalhos da fabricação, cada um deles contando com alguns ajudantes.

Outros trabalhadores, geralmente assalariados, eram barqueiros, canoeiros, calafates*, carapinas*, oleiros*, vaqueiros, pastores e pescadores. Alguns destes eram escravos e só recebiam um "mimo", isto é, um tipo de presente dado pelo desempenho quando se encerrava um período do processo de produção.

Existiam em média 150 a 200 escravos, ou peças, como se dizia, dentre os quais predominavam os "de enxada e fouce" que trabalhavam nos partidos* e roças. Outros tinham funções domésticas ou de trabalhadores especializados, recebendo um tratamento melhor.

Os senhores e o seu manual

Além de tratar da necessidade e da complexidade das tarefas da administração, Antonil fez uma verdadeira apologia dos senhores.

Segundo ele, era algo muito mais tranquilo ser apenas um fazendeiro ou arrendatário que só fornecia cana, geralmente com alguns partidos e trinta ou quarenta escravos de foice, do que ser dono do engenho.

Ele se admirava com o número de pessoas que tentavam estabelecer engenhos, afirmando que os problemas a serem enfrentados por esses iniciantes seriam muito numerosos. O seu livro visava, tanto quanto possível, esclarecer e aconselhar essa classe de proprietários.

As dificuldades tinham início com a compra de terras e a venda do açúcar, momentos em que era comum se fazerem maus negócios. Outros problemas eram a morte e a fuga de escravos; o desgaste e a morte de bois e cavalos; as secas que mirravam a cana, ou as enxurradas e outras formas de mau tempo; os altos salários dos trabalhadores livres "desejosos de ganhar à custa alheia"; as dificuldades de escolher e controlar os arrendatários e os vários auxiliares. Caso o empreendedor não tivesse capacidade de resolver esses e outros problemas, dizia ele, "achará confusão e ignomínia no título de senhor de engenho, donde esperava acrescentamento de estimação e crédito".

Eram ainda mencionados como problemáticos para o senhor o governo da sua família, o recebimento de hóspedes e as relações com o capelão do engenho.

Para estes e vários outros problemas Antonil procurou apresentar soluções.

Começando pela compra de terras, ele recomendava que o senhor devia estar atento para não comprar salões* por massapés, ou apicus* por salões. Além de procurar um bom preço, devia-se estar atento ao cansaço ou fertilidade das terras, à qualidade dos pastos, águas, roças e matos e à existência de madeira para lenha, que era essencial para as fornalhas de onde saía o açúcar.

Devia ser verificado se as terras estavam claramente demarcadas por meio de árvores, pedras ou rios, uma vez que não existiam cercas; se a documentação era correta; se os vizinhos não eram "trapaceiros, desinquietos e violentos; porque não há maior peste que um mau vizinho".

Era também necessário ter cuidados com a própria documentação, e aqui o autor descia a detalhes:

Nem deixe os papéis e as escrituras que tem na caixa da mulher ou sobre uma mesa exposta ao pó, ao vento, à traça e ao cupim, para que depois não seja necessário mandar dizer muitas missas a Santo Antônio para achar algum papel importante que desapareceu quando houver mister exibi-lo.

Logo depois, eram descritas as condições para se fazerem contratos de arrendamentos com os lavradores que deviam fornecer a sua cana ao engenho. Os principais itens desses contratos, além dos que determinavam os pagamentos, eram os seguintes: 1) os arrendamentos deviam ser feitos por nove anos e mais um no caso de despejo; 2) aos arrendadores não seria permitido

Seria numa escrivaninha como esta, entalhada em jacarandá, que um senhor mais abastado guardaria seus documentos, se seguisse as recomendações de Antonil.

colocar outras pessoas no seu lugar; 3) a terra devia ser preservada por quem a arrendava, relacionando-se as árvores que não podiam ser derrubadas.

Sobre as relações com os vizinhos, os senhores eram prevenidos em primeiro lugar contra a tentação do orgulho e da prepotência entre eles mesmos:

[...] pois há no Brasil muitas paragens em que os senhores de engenho são entre si muito chegados por sangue e pouco unidos por caridade, sendo o interesse a causa de toda a discórdia, e bastando talvez um pau que se tire ou um boi que entre em um canavial por descuido para declarar um ódio escondido e para armar demandas e pendências mortais.

E sobre a relação entre os senhores e os arrendatários:

Quem chegou a ter título de senhor, parece que em todos quer dependência de servos. [...]
Nada, pois, tenha o senhor de engenho de altivo, nada de arrogante e soberbo, antes, seja muito afável com todos e olhe para os seus lavradores como para verdadeiros amigos.

E recomendações semelhantes eram dirigidas às mulheres da casa-grande:

[...] as quais, posto que mereçam maior respeito das outras, não hão de presumir que devem ser tratadas como rainhas, nem que as mulheres dos lavradores hão de ser suas criadas e aparecer entre elas como a Lua entre as estrelas menores.

O grande proprietário devia, tanto quanto possível, ajudar esses vizinhos nos momentos das aperturas, administrar com justiça as datas em que cada lavrador teria seu açúcar produzido no engenho, bem como permitir que cada um acompanhasse a repartição do açúcar produzido, de forma a saber quanto a sua cana rendeu.

Todos esses conselhos, que em grande parte não eram seguidos pelos elementos da classe dominante, têm levado vários historiadores a deduzir que os conflitos na sociedade açucareira eram mais frequentes do que a história tem registrado, sendo necessárias muitas pesquisas nesse sentido.

A arte de escolher bem

Na escolha dos "oficiais"* que deviam ajudá-lo a administrar sua propriedade, o senhor devia levar em conta a vida pessoal e as aptidões para os trabalhos a serem realizados, de forma "que fossem agradados Deus e os homens".

Ao descrever cada um desses trabalhadores especializados, com suas qualidades e defeitos, Antonil assume, mais uma vez, um ponto de vista que era o do senhor de engenho.

O capelão

A primeira escolha aconselhada era a do capelão, e, para ela, deviam ser utilizadas até informações secretas sobre os padres candidatos. Além disso, era recomendado que se pagasse "alguma coisa mais do que se costuma", porque "este será o melhor dinheiro que se dará em boa mão".

O trabalho do capelão seria principalmente o de doutrinar na fé católica a família do senhor e os escravos, ensinando crenças, orações, a moral baseada nos mandamentos de Deus e da Igreja, além de combater práticas estranhas ao catolicismo, como a feitiçaria. Outras obrigações eram as de administrar sacramentos, rezar novenas e a missa aos domingos e dias santos. No dia em que se começava a moer a cana ele devia benzer o engenho e, ao final da safra, oficiar uma ação de graças.

Depois, eram feitas algumas recomendações finais ao capelão:

Finalmente, faça muito por morar fora da casa do senhor do engenho, porque assim convém a ambos, pois é sacerdote, e não criado, familiar de Deus e não de outro homem, nem tenha em casa escrava para o seu serviço que não seja adiantada na idade, nem se faça mercador ao divino ou ao humano, [...].

O feitor-mor e outros feitores

Os feitores eram vistos como os "braços de que se vale o senhor para o bom governo da gente e da fazenda" e deviam controlar principalmente o trabalho dos escravos.

Existiam um feitor-mor, um feitor de moenda e um feitor das plantações. Depois de uma descrição dos trabalhos e das "soldadas" de cada um, era recomendado aos senhores o controle do poder desses feitores. O senhor devia deixar claro que o supremo poder era o seu e que os habitantes do engenho a ele poderiam recorrer no caso de excesso de autoridade dos feitores, como se pode ver no texto seguinte:

Convém que os escravos se persuadam que o feitor-mor tem muito poder para lhes mandar e para os repreender e castigar quando for necessário, porém de tal sorte que também saibam que podem recorrer ao senhor e que hão de ser ouvidos [...].

E, mais adiante, é dito que o senhor deve

puxar pelas rédeas com a repreensão que os excessos merecem; mas não diante dos escravos, para que outra vez se não levantem contra o feitor, [...].

As obrigações do feitor-mor eram variadas. Em primeiro lugar devia controlar o trabalho dos escravos e a utilização de animais, como bois e cavalos, distribuindo-os para as diversas tarefas do dia. Quando algum escravo adoecia ou era acidentado ele devia fazer a substituição, providenciar a cura, ou, nos casos mais graves, chamar o capelão para que fossem ministrados os sacramentos antes da morte.

Além disso, era o feitor-mor quem avisava os lavradores da sua vez de mandar a cana moer; quem mandava barcos e carros para buscar cana e lenha; quem zelava pela manutenção da maquinaria e para que tudo fosse arrumado depois da safra terminada.

O feitor da moenda recebia a cana, controlava o trabalho das escravas e as quantidades a serem moídas de modo a só produzir o caldo que já podia ir para as caldeiras.

Nas plantações de cana da propriedade e nas roças de subsistência o trabalho dos escravos era controlado pelo chamado feitor de partido e das fazendas, ao qual eram dados alguns conselhos:

Ainda que se saiba a tarefa de cana que um negro há de plantar em um dia, e a que há de cortar, quantas covas de mandioca há de fazer e arrancar e que medida de lenha há de dar, [...] contudo, hão de atentar os feitores à idade e às forças de cada qual, para diminuir o trabalho aos que eles manifestamente veem que não podem com *tanto, como são as mulheres pejadas* depois de seis meses, e as que há pouco pariram e criam, os velhos e as velhas e os que saíram ainda convalescentes de alguma grave doença.*

O feitor de partido devia ainda conhecer a diversidade das terras e o que cada terreno podia produzir melhor, bem como o tempo de plantar, limpar e colher a cana.

O mestre do açúcar e seus ajudantes

Os maiores salários ("soldadas") eram pagos ao mestre do açúcar responsável pela transformação do caldo no produto acabado.

Tal função exigia um número elevado de conhecimentos e, em especial, uma certa perícia de cozinheiro para acompanhar os pontos certos do cozimento do caldo e da sua transformação em açúcar.

Em primeiro lugar, o mestre devia conhecer os tipos de terras e de canas, sendo que estas podiam ser fortes, fracas, aguacentas ou mais açucaradas. Tal conhecimento era necessário porque o processo de produção, a começar pelo tempo do cozimento e da decoada, dependia das qualidades da matéria-prima.

Neste detalhe, pode-se observar dois negros trabalhando na moenda de um engenho real.

O mestre fiscalizava o trabalho dos caldeireiros e tacheiros escravos que, muitas vezes

[...] cansados, outras sonolentos e outras mais alegres do que convém, e com a cabeça esquentada, acontecer-lhe-á ver perdida uma e outra meladura*, sem lhe poder dar remédio.

O mestre devia saber a quem pertencia o açúcar que estava fazendo: se ao senhor do engenho ou aos lavradores obrigados. Devia controlar a qualidade e, para isso, provar o caldo, observar a sua pureza, bem como controlar as etapas de sua transformação, onde existiam pontos certos a serem atingidos sob pena de o produto se perder.

Esse trabalho devia se realizar integrado ao do feitor da moenda e o mestre tinha como auxiliares os chamados banqueiro e soto-banqueiro, que o substituíam nos turnos da noite. O primeiro ganhava salário e o outro, por ser geralmente escravo, recebia apenas "algum mimo". O soto-banqueiro ficava encarregado das formas de açúcar, de tapar os seus buracos e de nelas colocar o produto para purgar.

O purgador e os caixeiros

Sob a supervisão do mestre, o purgador administrava o processo de clarear o açúcar, usando um tipo especial de barro que, colocado nas bocas das formas, desencadeava uma reação química que resultava no branqueamento. Além disso, pelos buracos da parte de baixo das formas, abertos quando o processo terminava, o purgador devia recolher os "meles"* utilizados para fazer aguardente.

Os caixeiros eram geralmente dois: um no próprio engenho e outro na cidade. O primeiro era responsável pela embalagem do açúcar e, para isso, supervisionava uma série de operações: tirar o açúcar das formas em dias de sol para que não umedecesse; separar os vários tipos do produto segundo a sua qualidade e os seus donos. O açúcar pertencente a lavradores que tinham arrendamentos pagava a vintena, ou seja, vinte por cento do total produzido, que ficava para o dono do engenho. Além disso, o caixeiro devia também separar a parte do dízimo destinado à Igreja e a dos impostos. Feita essa partilha, o produto era acondicionado em caixas de madeira que recebiam inscrições identificando o produtor e o comprador. O caixeiro da cidade se encarregava da comercialização do produto.

INFERNO, PURGATÓRIO E PARAÍSO

É muito conhecida uma frase do *Cultura e opulência* que diz: "O Brasil é inferno dos negros, purgatório dos brancos e paraíso dos mulatos e das mulatas". Ao que parece, o autor queria dizer com esta frase que principalmente negros e brancos estavam submetidos aos trabalhos e às relações de extrema violência geradas pela escravidão. Os mulatos, por uma série de razões, conseguiam tornar mais amena a sua condição de vida no interior da sociedade escravista.

O inferno dos negros

As relações escravistas não se baseavam apenas na força bruta, existindo outras formas de controle dos escravos que incluíam, por exemplo, a religião, algumas formas de lazer e mesmo alguns incentivos materiais. Mas a violência em termos físicos era fundamental para a manutenção do sistema.

Os negros escravos eram os que sofriam as maiores violências, esmagados pela falta de liberdade, pelos trabalhos brutais, pelos castigos, pelas péssimas condições de vida nas senzalas, que praticamente impediam a vida familiar.

Mas a vida dos brancos, principalmente a dos senhores, era também marcada pelas sequelas* da escravidão, pois as brutalidades que eles infligiam aos negros deixavam marcas na sua vida, produzindo em primeiro lugar a consciência pesada, que, mesmo disfarçada de muitas maneiras, caracterizou a classe dominante escravista nas Américas.

Além disso, o texto de Antonil nos mostra que a classe dos senhores tinha medo da massa escrava e necessitava manter controle e vigilância permanentes.

Vigilância e controle se faziam principalmente no trabalho, porque este era com frequência descuidado pelos escravos.

Existia um medo permanente das formas de reação dos negros, que eram das mais variáveis: tentavam fugir para o sertão ou se rebelar com violência; muitos, em desespero, se suicidavam. Algo temido pelos brancos eram os chamados "malfeitos", que eram principalmente práticas de feitiçaria que poderiam ser feitas contra eles.

No início do século XVIII, os negros chegados ao Brasil eram originários principalmente de Angola, Cabo Verde e Moçambique. Eram diferentes em termos de origem, de nível cultural e de compleição física. Os de Angola eram considerados os melhores para aprender ofícios, enquanto os outros eram mais usados nas plantações, nos serviços do engenho e domésticos. Segundo Antonil, os escravos eram divididos pelos brancos em boçais e ladinos*. Boçais eram os "muito rudes e muito fechados" e que assim permaneciam, apresentando grandes dificuldades de adaptação. Os ladinos apresentavam maior capacidade de aprender e eram encontrados em diversos ofícios, como os de barqueiros, marinheiros, carapinas e calafates.

Cultura e opulência se ocupou bastante do tratamento que os senhores davam aos escravos, mostrando que este tratamento variava de acordo com as características individuais de cada senhor, mas possuía traços gerais. Também sobre este assunto o autor apresentou suas opiniões e conselhos.

Antonil, como a maioria dos padres, aceitava a escravidão como um mal necessário, algo inerente à vida nas colônias, ao mesmo tempo que procurava tornar o tratamento dado aos escravos mais racional, menos violento e mais rendoso para o trabalho.

Ele fez algumas críticas amenas à conduta dos senhores e feitores para com os escravos, ao mesmo tempo que apelava no sentido de que fossem um pouco mais racionais, como podemos ver nos textos abaixo:

Aos feitores de nenhuma maneira se deve consentir o dar couces, principalmente nas barrigas das mulheres que andam pejadas, nem dar com pau nos escravos, porque na cólera se não medem os golpes, e pode ferir mortalmente na cabeça a um escravo de muito préstimo, que vale muito dinheiro, e perdê-lo. Repreendê-los e chegar-lhes com um cipó às costas com algumas varancadas, é o que se lhes pode e deve permitir para ensino [...] Porém, amarrar e castigar com cipó até correr o sangue e meter no tronco, ou em uma corrente por meses (estando o senhor na cidade) à escrava que não quis consentir no pecado ou ao escravo que deu fielmente conta da infidelidade, violência e crueldade do feitor que para isso armou delitos fingidos, isto de nenhum modo se há de sofrer, [...].

No Brasil, costumam dizer que para o escravo são necessários três PPP, a saber, pau, pão e pano. E, posto que comecem mal, principiando pelo castigo que é o pau, contudo, prouvera a Deus que tão abundante fosse o comer e o vestir como muitas vezes é o castigo, dado por qualquer causa pouco provada, ou levantada; e com instrumentos de muito rigor, ainda quando os crimes são certos, de que se não usa nem com os brutos animais, [...].

Em outros textos o autor forneceu informações que permitem aos historiadores conhecer vários aspectos da vida cotidiana dos escravos.
Sobre a vida familiar:

Opõem-se alguns senhores aos casamentos dos escravos e escravas, e não somente não fazem casos dos seus amancebamentos*, mas quase claramente os consentem, e lhes dão princípio, dizendo: Tu, fulano, a seu tempo, casarás com fulana; e daí por diante os deixam conversar entre si como se já fossem recebidos por marido e mulher; e dizem que os não casam porque temem que, enfadando-se do casamento, se matem logo com peçonha* ou com feitiços, não faltando entre eles mestres insignes nesta arte. Outros, depois de estarem casados ou escravos, os apartam de tal sorte, por anos, que ficam como se fossem solteiros, [...].

Sobre a necessidade de um mínimo de lazer como forma de tornar suportável o cativeiro:

Negar-lhes totalmente os seus folguedos*, que são o único alívio do seu cativeiro, é querê-los desconsolados e melancólicos, de pouca vida e saúde. Portanto, não lhes estranhem os senhores o criarem seus reis, cantar e bailar por algumas horas honestamente em alguns dias do ano, e o alegrarem-se inocentemente à tarde depois de terem feito pela manhã suas festas de Nossa Senhora do Rosário, de São Benedito e do orago* da capela do engenho, sem gasto dos escravos, acudindo o senhor com sua liberalidade aos juízes e dando-lhes algum prêmio do seu continuado trabalho.

Mas a escravidão tornava-se frequentemente insuportável e os escravos resistiam de variadas formas:

E se, em cima disto, o castigo for frequente e excessivo, ou se irão embora, fugindo para o mato, ou se matarão per si, como costumam, tomando a respiração ou enforcando-se ou procurarão tirar a vida aos que lha dão tão má, recorrendo (se for necessário) a artes diabólicas, ou clamarão de tal sorte a Deus, que os ouvirá e fará aos senhores o que já fez aos egípcios, quando avexavam com extraordinário trabalho aos hebreus, mandando as pragas terríveis contra suas fazendas e filhos [...].

Num último parágrafo desse capítulo o autor nos conta ainda:

Algumas escravas procuram de propósito aborto, só para que não cheguem os filhos de suas entranhas a padecer o que elas padecem.

Os textos acima citados têm sido utilizados por vários historiadores para rebater a crença de que a relação senhor-escravo no Brasil foi algo ameno e de que os negros eram naturalmente submissos e adaptados à escravidão.

Um capataz açoita com um "bacalhau" um escravo preso ao tronco.

Mulatos e mulatas

Até que ponto existiu um exagero na afirmação de Antonil de que o Brasil era o paraíso dos mulatos e mulatas?

Vários outros depoimentos históricos mostram que este segmento intermediário da sociedade escravista possuía, muitas vezes, uma condição de vida melhor que a dos negros escravos e até mesmo que a de alguns brancos pobres. Antonil deu algumas explicações para esta situação social:

Melhores ainda são, para qualquer ofício, os mulatos; porém, muitos deles, usando mal do favor dos senhores, são soberbos e viciosos, e prezam-se de valentes, aparelhados para qualquer desaforo. E, contudo, eles e elas da mesma cor, ordinariamente levam no Brasil a melhor sorte; porque com aquela parte de sangue de brancos que têm nas veias e, talvez, dos seus mesmos senhores, os enfeitiçam de tal maneira, que alguns tudo lhes sofrem, tudo lhes perdoam; e parece que se não atrevem a repreendê-los: antes, todos os mimos são seus. E não é fácil cousa decidir se nesta parte são mais remissos* os senhores ou as senhoras, [...].

Mas a conclusão otimista do autor talvez fique um tanto abalada quando ele trata das mulatas e das formas pelas quais elas procuravam se livrar da escravidão:

Forrar* mulatas desinquietas é perdição manifesta, porque o dinheiro que dão para se livrarem, raras vezes sai de outras minas que dos seus mesmos corpos, com repetidos pecados; [...].

A família da casa-grande

Antonil tratou também das relações dos senhores com os membros das suas famílias, com seus hóspedes e de como deveria ser administrada a casa-grande, principalmente em termos dos seus gastos. Sobre o estilo de vida do senhor ele fazia as seguintes recomendações:

Pedindo a fábrica do engenho tantos e tão grandes gastos quantos acima dissemos, bem se vê a parcimônia que é necessária nos particula-

res da casa. Cavalos de respeito mais dos que bastam, charameleiros*, trombeteiros*, tangedores* e lacaios mimosos não servem para ajuntar fazenda, mas para diminuí-la em pouco tempo com obrigações e empenhos. E muito menos servem as recreações amiudadas, os convites supérfluos, as galas, as serpentinas e o jogo. E, por este caminho, alguns em poucos anos do estado de senhores ricos chegaram ao de pobres e arrastados lavradores, sem terem que dar de dote às filhas, nem modo para encaminhar honestamente aos filhos.

Mau é ter nome de avarento, mas não é glória digna de louvor o ser pródigo.

E sobre a educação dos filhos homens ele apresentava duas opções:

Ter os filhos sempre consigo no engenho, é criá-los tabaréus*, que nas conversações não saberão falar de outra cousa mais que do cão, do cavalo e do boi. Deixá-los sós na cidade, é dar-lhes liberdade para se fazerem logo viciosos e encherem-se de vergonhosas doenças, que se não podem facilmente curar. [...].

Porém, se se resolver a ter os filhos em casa, contentando-se com que saibam ler, escrever e contar e ter alguma tal qual notícia de sucessos e histórias, para falarem entre gente, não se descuide de vigiar sobre eles, quando a idade o pedir, porque também o campo largo é lugar de muita liberdade e pode dar abrolhos e espinhos. E se se faz cercado aos bois e aos cavalos, para que não vão fora do pasto, por que se não porá também algum limite aos filhos, assim dentro como fora de casa, mostrando a experiência ser assim necessário?

Ele considerava maiores os perigos da cidade e aconselhava ainda que os pais, no caso de mandar os filhos para ali, os colocassem na casa de "algum parente grave e honrado, onde não haja ocasiões de tropeçar". Os senhores eram ainda prevenidos contra a tendência das mães mimarem os filhos e lhes mandarem dinheiro em excesso nas cidades. E terminava concluindo que "o melhor ensino, porém, é o exemplo do bom procedimento dos pais [...]".

Com relação aos hóspedes e aos mercadores que passavam pelo engenho comprando e vendendo, ele afirmava ser a hospitalidade "virtude cristã", algo muito prezado no Brasil, mas que

Ter casa separada para os hóspedes é grande acerto, porque melhor se recebem e com menor estorvo da família e sem prejuízo do recolhimento que hão de guardar as mulheres e as filhas e as moças de serviço interior, [...].

Com relação aos pobres e àqueles que ele chamava de vadios eram dados dois conselhos:

Dar esmolas é dar juro a Deus, que paga cento por um; mas, em primeiro lugar, está pagar o que se deve de justiça, e depois estender-se piamente as esmolas, conforme o cabedal e o rendimento dos anos.
Para os vadios, tenha enxadas e fouces, e se se quiserem deter no engenho, mande-lhes dizer pelo feitor que, trabalhando, lhes pagarão seu jornal*. E, desta sorte, ou seguirão seu caminho, ou de vadios se farão jornaleiros.

Esmoleiras como esta do século XVIII serviam para recolher as doações dos fiéis.

Previsões de Antonil

Depois de descrever a produção do açúcar e o tipo de sociedade por ela gerado, *Cultura e opulência*, nos últimos capítulos dessa parte sobre o engenho, se dedicou principalmente aos problemas dos "preços antigos e modernos", dos números da produção em todo o Brasil e dos custos do produto no momento da exportação.

O mais importante é que no capítulo dos preços o autor previu o fim da fase de prosperidade em que vivia o açúcar e que começou a se encerrar a partir de 1710, mesmo com altas nos preços.

Esta crise, segundo o autor, resultava de um processo inflacionário que fez aumentar os custos dos transportes marítimos, do cobre, do ferro, do pano e principalmente dos escravos, que eram necessidades básicas dos engenhos. Por mais que subissem, os preços do açúcar não conseguiam acompanhar os custos da produção e dos transportes.

Antonil percebeu que o problema da alta dos preços não seria solucionado tão cedo e que tinha a sua origem nas descobertas do ouro que, segundo ele, "serviram para enriquecer a poucos e para destruir a muitos, sendo as melhores minas do Brasil os canaviais e as malhadas*, em que se planta o tabaco".

CAPÍTULO 3

"NA LAVRA DO TABACO"

Desde os fins do século XVI, o Brasil-colônia possuía uma outra fonte de riqueza, que era o fumo, cultivado principalmente na região de Cachoeira, na Bahia, mas também no interior de Alagoas e de Pernambuco.

Antonil, ao que parece, viajou e permaneceu em algumas dessas regiões, onde observou a produção e conversou com várias pessoas que nela trabalhavam. O resultado dessas pesquisas transformou-se num capítulo do seu livro intitulado "Na lavra do tabaco", que é um precioso documento histórico sobre aquela atividade econômica no início do século XVIII.

Nessa parte do livro ele não tratou só da "lavra", isto é, da produção, mas reuniu também uma série de informações sobre o mercado do fumo e seu contínuo crescimento, os processos de comercialização e os impostos pagos ou sonegados à Coroa portuguesa.

DE COMO O TABACO SE TORNOU ESTIMADO

A utilização do fumo pelos europeus foi copiada dos indígenas americanos a partir da primeira viagem de Colombo à ilha de Cuba, em 1492.

O livro *Cultura e opulência* nos informa que, logo depois do seu aparecimento na Europa, o fumo era consumido principalmente por marinheiros, soldados, trabalhadores braçais, elementos das camadas mais baixas da sociedade. Mas, no século XVIII, o produto já estava sendo usado por muitas pessoas "nobres e ociosas", por elementos do clero secular e regular.

Antonil, sempre um pensador de posições moderadas, dizia que não usava o fumo, mas que não condenava totalmente a sua utilização. Ele nos conta que na sua época já existiam consumidores fanáticos do produto, que o utilizavam "bebendo" em cachimbo, mascando ou cheirando sob a forma do popular rapé. Mesmo não acreditando muito nos benefícios do tabaco, ele reproduz crenças de alguns dos seus usuários:

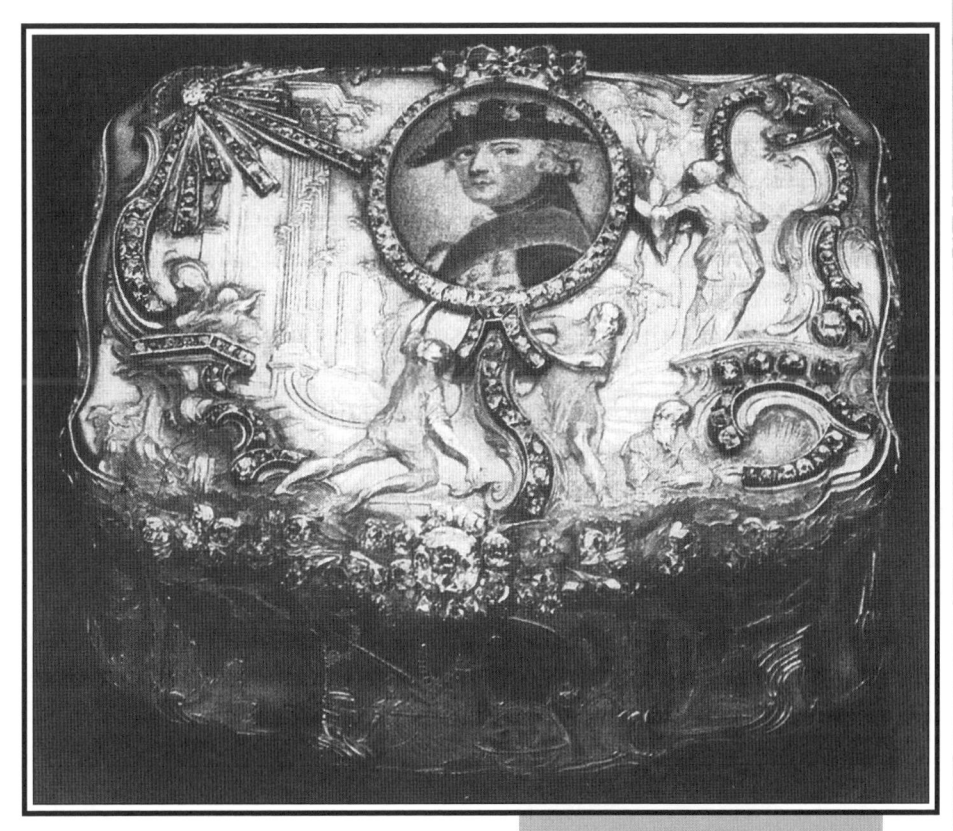

> Caixas de fumo (rapé) faziam parte dos objetos pessoais de muitos homens. Esta da foto, extremamente luxuosa, pertenceu a Frederico, o Grande, rei da Prússia.

[...] bebido pela manhã em jejum moderadamente, disseca as umidades do estômago, ajuda para a digestão e não menos para a evacuação ordinária, alivia ao peito que padece fluxão asmática e diminui a dor insuportável dos dentes.

Para esses usuários o tabaco, além de fonte de prazer, dava alento e vigor, sendo usado como "mezinha"* para inúmeros males, chegando a ser chamado de "erva santa". Mas o nosso autor afirmava que "o mascá-lo não é tão sadio", pois "altera o gosto, faz grave o bafo, negros os dentes e deixa os beiços imundos".

Os críticos do novo produto apontavam problemas mais graves, como a falta de higiene, o mau cheiro e inúmeros malefícios para a saúde advindos da sua utilização. Esses antitabagistas da época tiveram grandes vitórias quando os papas Urbano VIII e Inocêncio X, nos anos de 1642 e 1650, proibiram a utilização do tabaco nas igrejas e durante as práticas religiosas, chegando a ameaçar os infratores reincidentes com a excomunhão.

No entanto, o número de consumidores continuou a crescer, principalmente na medida em que a produção aumentou e os preços foram baixando. Em Lisboa, cidade que para o jesuíta Andreoni era "uma sementeira de desejos", o fumo havia passado do "mimo à mercância", isto é, havia deixado de ser um produto de luxo. Em Londres, dizia ele, "cabeça da Grã-Bretanha, povoada de mais de oitocentas mil almas passam as vendas de tabaco [tabacarias] de sete mil".

Além de aumentar em toda a Europa, o consumo crescia na Ásia e na América. Na África, o fumo do Nordeste era utilizado no escambo para a obtenção de escravos mandados para o Brasil.

IMPOSTOS E CONTRABANDO

Com o crescimento da procura do fumo, ganhavam os produtores e os comerciantes, mas também os governos dos diversos países que passaram a cobrar crescentes impostos sobre o produto. Em Portugal, os ganhos da Coroa, que aparecem em *Cultura e opulência*, eram os seguintes:

[...]o que El-Rei tira deste contrato* cada ano são dois milhões e duzentos mil cruzados. Nem hoje temos nos príncipes da Europa contrato de maior rendimento, pela muita quantidade de tabaco que se gasta em todas as vilas e cidades.

O que Antonil não dizia explicitamente é que a atividade de exportar o tabaco do Brasil tornara-se um monopólio da Coroa portuguesa, concedido a alguns grandes comerciantes por períodos determinados. Dessa forma, o governo da metrópole tornava mais eficiente a cobrança de impostos sobre o produto.

Os impostos diminuíram principalmente os lucros dos mercadores e fomentaram o rápido crescimento do contrabando para a Europa e para a África, sendo o produto transportado nos mais diversos esconderijos: peças de artilharia, caixas de açúcar, barris de farinha, de breu e de melado, caixas de roupa e frasqueiras com fundos falsos, além dos famosos santos de pau oco.

A reação do governo português contra os contrabandistas foi particularmente rigorosa e, no Brasil, quem fosse surpreendido com tabaco sem guias e registros reais era punido com a perda do produto, da embarcação que realizava o transporte, além de sofrer degredo em Angola por cinco anos. As penas em Portugal eram ainda mais rigorosas e, quando começaram a ser aplicadas, chegaram a arruinar famílias importantes.

O PROCESSO PRODUTIVO

A produção do fumo no Brasil se desenvolveu bem de acordo com uma das características da economia colonial, isto é, foi organizada e cresceu em razão da procura no mercado internacional.

Durante o século XVII, quando a produção aumentava, as terras litorâneas do Nordeste já estavam ocupadas com as plantações de cana e, desta forma, o tabaco seguiu o mesmo caminho do gado, ou seja, foi "empurrado" para o interior. Para isso contribuiu o fato de que as plantações de tabaco necessitavam de grandes quantidades de adubo, que devia ser conseguido nos currais de gado.

As exigências preliminares para a produção, como terras, capitais e instalações, eram bastante reduzidas se as comparamos com as da economia açucareira. Além disso, o tempo para que a planta produzisse a sua colheita de folhas era também pequeno, de quatro a seis meses depois da semeadura.

Nos primeiros tempos o plantio do fumo se realizava no litoral, em hortas e roças de subsistência, pequenas propriedades produtoras de mandioca, milho, feijão e hortaliças. Mas não demorou muito para que os cultivadores abandonassem os gêneros de subsistência e se dedicassem exclusivamente à produção do fumo, que era muito mais lucrativa. Esse processo gerou problemas de abastecimento na região açucareira e o governo português, bem como as Câmaras municipais, passou a proibir o cultivo do novo produto nas regiões litorâneas. Dessa forma, o plantio do fumo passou a ser feito cada vez mais para o interior, no sertão nordestino, onde manteve estreitas relações com a criação de gado.

O trabalho no dia a dia

A produção do tabaco exigia um trabalho intensivo e certa qualificação dos trabalhadores, sendo muitas vezes realizada em pequenas propriedades familiares.

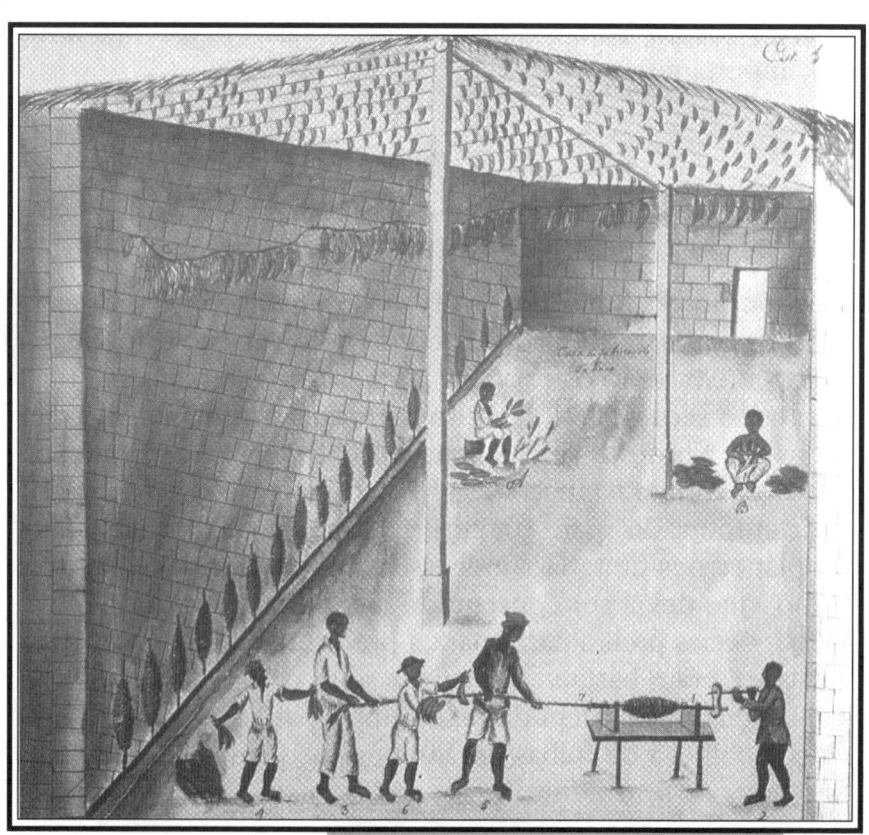

Processamento do tabaco. Obra de Joaquim de Amorim Castro, 1792.

A semeadura se realizava geralmente nos meses de maio, junho e julho, em terras que eram preparadas por meio de queimadas e divididas sob a forma de canteiros.

Desde o momento em que brotava, a planta devia ser protegida com uma primeira limpa do mato que ameaçava sufocá-la. Depois que ganhava corpo, com mais ou menos um palmo de altura, ela era transplantada para os cercados ou currais, nos quais encontrava o esterco do gado que ali havia permanecido. Alguns produtores mais pobres chegavam a alugar cabeças de gado para adubar as suas terras. Mas a quantidade de esterco devia ser controlada, pois, quando era demais, queimava a planta.

Fixada nos cercados, em covas de até dois palmos e meio de fundo, a planta precisava ser defendida de forma constante. Deviam ser retirados manualmente pulgões, grilos, formigas e lagartas que ameaçavam devorá-la, num trabalho que tinha alto custo. Muitas vezes, para diminuir a voracidade das formigas e evitar o ataque às plantas, era necessário deixar na terra folhas de mandioca ou de aroeira para serem devoradas. O catar as lagartas exigia grande número de trabalhadores e devia ser feito de madrugada ou depois do entardecer, porque durante o dia elas se escondiam debaixo da terra.

Para que um número maior de folhas brotasse com mais força era necessário fazer o desolhamento, isto é, retirar os botões, também chamados olhos ou grelos, que nasciam na ponta do caule da planta.

Colheita e manufatura

A limpa do capim continuava até o momento da colheita e esta, geralmente, ocorria quatro meses depois do plantio, quando as folhas começavam a apresentar manchas amarelas e outros sinais. Depois do corte das primeiras folhas, era ainda possível realizar mais uma ou duas colheitas.

Retiradas da haste, as folhas eram penduradas à sombra, pois no sol secariam e perderiam as suas substâncias características. Com o talo central retirado, as folhas juntas passavam a ser torcidas para formar uma corda de três dedos de grossura, trabalho que era realizado por um mestre, geralmente escravo, o chamado torcedor, que para isto utilizava uma roda e alguns auxiliares.

As cordas eram dependuradas para curar durante uns quinze dias, e, nesse período, caía delas um sumo que, recolhido, era misturado com substâncias, como erva-doce, *alfavaca**, banha de porco ou mel de açúcar. Nessa mistura eram passados ("melados") os rolos para dar aroma ao fumo.

Terminado esse processo, os rolos, geralmente de oito arrobas, eram embrulhados primeiro com folhas de ouricuri por dentro e de gravatá por fora, após o que era colocada uma capa de couro, onde se achava gravado o nome do produtor, iniciando-se aí o processo de comercialização.

OS TRABALHADORES DO TABACO

Desde o plantio até ganhar a forma de produto acabado o fumo necessitava, como vimos, de uma série de cuidados especiais que exigiam trabalho intenso.

Antonil nos conta que nas propriedades produtoras, de forma diferente do que ocorria nos engenhos, os trabalhos ocupavam "grandes e pequenos, homens e mulheres, feitores e servos". Portanto, além dos escravos, participava da produção um número maior de trabalhadores livres, inclusive os elementos da família dos proprietários da plantação.

Algumas tarefas eram realizadas pelos chamados mestres, que eram homens livres, ou escravos que recebiam algum "mimo". Três mestres eram muito importantes: o que fazia o "desolhamento", isto é, cortava os botões da planta, o que escolhia as folhas a serem colhidas e o que as enrolava para produzir a corda.

O FUTURO DE UMA "DROGA"

Antonil possuía uma visão otimista com relação ao futuro do tabaco, que ele dizia ser uma das "minas" do Brasil. Ele previu uma expansão contínua do consumo e da produção, que de fato ocorreu,

Pote de cerâmica *Delft*, Holanda, século XVII.

mesmo com os obstáculos criados pelo mercantilismo português e pelo fato de a produção se realizar num grande número de pequenas propriedades.

Essa prosperidade da produção do fumo ajudou a fomentar um outro setor da economia brasileira, que foi a criação de gado e, em especial, a produção de couro.

CAPÍTULO 4

OS TEMPOS DA FEBRE DO OURO

Na parte que trata do início da mineração no século XVIII, *Cultura e opulência* continua a ser de extrema utilidade para os historiadores.

Mesmo afirmando que muitas atividades na região das minas eram "mais para se verem do que para se escreverem", o autor realizou uma detalhada e bela descrição da febre de riqueza fácil que a partir do atual estado de Minas Gerais tomava conta do Brasil e de Portugal. Descreveu a economia e a sociedade que estavam se formando naqueles territórios, até então despovoados, a partir das descobertas de ouro nos fins do século XVII, início de uma corrida do ouro maior que a da Califórnia do século XIX, segundo o historiador Caio Prado Júnior.

Mais uma vez o livro apresenta muita riqueza de informações sobre variados temas, como as técnicas de extração do metal, o funcionamento da administração portuguesa e os problemas por ela criados, a cobrança de impostos, a distribuição da riqueza, as classes sociais, os preços e outros temas da vida em geral.

Para a produção dessa parte, o autor, proibido de entrar nos territórios auríferos por ser estrangeiro, baseou-se principalmente em documentos escritos e conversas com pessoas que haviam passado pela região, ou que ali tinham vivido, especialmente alguns altos funcionários do governo português.

No início do texto, ele lembra que desde o começo da colonização europeia no Brasil falava-se muito, com verdades, mentiras e esperanças, sobre as riquezas minerais do país. Durante muito tempo os portugueses esperaram encontrar na sua colônia um "novo Peru", regiões ricas à semelhança do mitológico Eldorado.

Tais expectativas faziam parte da chamada visão edênica das terras americanas, ou seja, a visão de que nessas terras do Novo

Mundo se encontraria um novo Éden, uma reedição do Paraíso Terrestre. O próprio autor de *Cultura e opulência*, geralmente tão comedido, também se deixou envolver por essas grandes esperanças e pensou como certa a descoberta de minas de prata, que terminou não ocorrendo.

AS PRIMEIRAS DESCOBERTAS

Durante os séculos XVI e XVII, o ouro foi procurado em diversas partes do Brasil e encontrado em pequena escala em lugares como Paranaguá e Curitiba e num "outeiro, alto, distante três léguas da vila de São Paulo, a quem chamavam Jaraguá". Estas explorações, no entanto, foram abandonadas principalmente depois das grandes descobertas nos territórios que formariam Minas Gerais.

Segundo Antonil, as novas descobertas de ouro nos últimos anos do século XVII foram realizadas, pelos mamelucos* paulistas, primeiro nas regiões dos Cataguás, do Caeté, do rio das Velhas e depois em outras partes. A primeira descoberta teria ocorrido num ribeiro, mais tarde conhecido como Ouro Preto, sendo realizada por um paulista que havia sido minerador em Paranaguá e em Curitiba.

Segundo os historiadores que se utilizaram de vários depoimentos sobre o período, essa primeira descoberta era resultado das inúmeras incursões dos bandeirantes pelos sertões, realizadas durante a segunda metade do século XVII, primeiro à procura de índios para escravizar e depois na ânsia de encontrar ouro, prata e pedras preciosas. Essa procura havia sido incentivada pelo governo português com promessas de terras, títulos honoríficos e outros benefícios aos descobridores. Isto porque se esperava que as descobertas de riquezas minerais na colônia ajudassem a superar a crise econômica em que Portugal se encontrava.

O primeiro descobridor chamava-se provavelmente Antônio Rodrigues Arzão e, além de ter procurado ouro em Paranaguá e

Curitiba, havia participado da célebre bandeira de Fernão Dias que procurou esmeraldas. No ano de 1693, Arzão conseguiu as primeiras três oitavas* de ouro, num ribeirão de Cataguás.

Era ouro da melhor qualidade e a notícia espalhou-se rapidamente por São Paulo, pelas outras capitanias e chegou à metrópole, iniciando-se então mais uma corrida do ouro na história do mundo.

Os paulistas foram os que afluíram em primeiro lugar e em maior número. Expandiram os territórios da procura, com novas descobertas sucedendo-se às margens de rios e ribeirões. De grande importância foram os achados às margens do rio das Mortes. Este nome já existia por causa de mortes por afogamento e por causa das pelouradas*, ou seja, brigas entre bandeirantes vindos do sertão e que ali se encontravam para dividir as riquezas que haviam conseguido, principalmente índios apresados.

ÁREAS MINERADORAS DO BRASIL-COLÔNIA

Vieram depois, ainda segundo *Cultura e opulência*, as descobertas do rio das Velhas e do Caeté, "além de outras que secretamente se acham e se não publicam para se aproveitarem os descobridores delas totalmente, e não as sujeitarem à repartição [...]". Essa crença em descobertas que permaneciam em segredo era bem típica da época.

DOS MODOS DE ACHAR O OURO

No livro foram registrados dois tipos de extração aurífera: "nas lavras de água dos ribeiros" e "na terra contígua a eles".

O ouro dos ribeiros, também chamado de aluvião*, ou de lavagem, se encontrava, segundo a crença da época, em lugares que possuíam as seguintes características: terras montuosas com cerros e montes altos no meio dos quais existiam ribeirões ou córregos, geralmente com correnteza acidentada. Areias brancas às margens dos cursos d'água eram indicativo da não existência do metal. Dizia-se que o ouro "pintava" nos lugares com pedraria, nas margens e nos fundos dos riachos.

Para a pesquisa eram cavadas nas margens as chamadas catas, em profundidade de 10 a 30 palmos. Primeiro fazia-se uma cerca para controlar parte da água, pois esta devia entrar na cata apenas em quantidade para diluir a terra e tornar mais fácil a sua movimentação. Geralmente, depois da remoção de uma primeira camada de terra vermelha, encontrava-se o chamado desmonte, que era um bloco formado por terra, pedras miúdas e areia. Este material, esfarelado por alavancas, era lavado nas bateias* no fundo das quais se esperava ver o ouro faiscar. Tirado o desmonte, uma outra camada de cascalho e barro amarelo era também lavada nas bateias, onde mais ouro podia aparecer.

Além do ouro do fundo e das margens dos rios, eram procurados os chamados veeiros, que eram corredores estreitos do metal saídos das margens e se prolongando pela terra adentro. Este tipo de descoberta era mais raro e, quando ocorria, levava à organização de empresas, com grande número de escravos e melhores técnicas, as chamadas lavras.

Todas essas formas de pesquisa exigiam muito trabalho, mas este, segundo Antonil, podia valer pouco, pois "muitas vezes não dá com ouro quem mais cava, senão quem tem mais fortuna*".

UMA SOCIEDADE EM FORMAÇÃO

As notícias das descobertas desencadearam uma corrida de pessoas dos mais diversos lugares e categorias sociais para os territórios da mineração, na busca de enriquecimento rápido.

Os historiadores calculam que só da metrópole portuguesa, nos sessenta primeiros anos do século XVIII, vieram para o Brasil 600 mil pessoas, a maioria dirigindo-se para as minas. Além dos europeus, a mineração atraiu elementos das várias capitanias brasileiras.

Antonil, tratando apenas dos primeiros anos do ciclo minerador, dizia que, no início, a nova população foi formada principalmente pelos mamelucos paulistas e que era difícil "dar conta do número de pessoas que atualmente lá estão". Ele calculou em trinta mil os que catavam ou mandavam catar nos "ribeiros do ouro", ou tratavam de "negociar, vendendo e comprando o que se há mister* não só para a vida, mas para o regalo*".

Enquanto das várias partes do Brasil, das vilas, cidades e sertões, chegavam brancos, pardos, negros e índios, nas frotas, vindas periodicamente da metrópole, tornou-se cada vez maior o número de portugueses que, mal desembarcavam, dirigiam-se rapidamente para o novo Eldorado. Sabemos hoje que nesse movimento migratório abrupto territórios se despovoaram, soldados desertaram em grande número de várias guarnições no Brasil, tripulações abandonaram navios nos portos de Santos e Rio de Janeiro, todos partindo à procura das minas, mesmo depois que o governo português tentou restringir a emigração e aumentou as punições dos desertores.

Eram "homens e mulheres, moços e velhos, nobres e plebeus, seculares* e religiosos" a formar uma população que possuía um caráter nômade, pois os núcleos de povoamento eram abandonados à medida que o ouro se esgotava em cada localidade.

PROBLEMAS DOS PRIMEIROS TEMPOS

Sobre a organização social e de formas de autoridade nesses territórios o nosso autor escreveu:

Sobre esta gente, quanto ao temporal* não houve até o presente coação ou governo algum bem ordenado e apenas se guardam algumas leis que pertencem as datas* e repartições* dos ribeiros. No mais não há ministros nem justiças que tratem ou possam tratar do castigo dos crimes, que não são poucos, principalmente os homicídios e furtos.

O texto acima mostra que, em meio à corrida do ouro, a sociedade em formação vivia uma situação de ausência de normas e leis, sendo a presença do poder público muito reduzida. Mesmo a autoridade da Igreja era pouco temida e respeitada e as lutas entre indivíduos e grupos faziam valer a lei do mais forte.

A conhecida Guerra dos Emboabas* (1707-1709), entre os pioneiros paulistas e elementos que chegaram depois, vindos de Portugal e de outras partes do Brasil, é um bom exemplo dessa lei do mais forte e da ausência de uma autoridade central.

Nesses primeiros tempos o governo português possuía nas diversas localidades mineradoras apenas alguns representantes, dos quais o principal era o superintendente, que funcionava mais como observador, além de funcionários como o procurador da Coroa, responsável pelo cumprimento das leis, e um guarda-mor, que deveria administrar o funcionamento das minas. Na prática, o poder desses funcionários era muito pequeno.

Fora da região das minas o governo mantinha as Casas de Quintar* ou Casas de Fundição, instaladas em Taubaté, na vila de São Paulo, em Parati e no Rio de Janeiro, onde o ouro, vindo das minas, devia ser fundido e transformado em barras com selo público para poder circular no país, ou ir para o exterior. No momento da fundição realizava-se a cobrança do quinto, ou seja, o imposto a ser pago ao poder real. Mais tarde essas Casas de Quintar foram instaladas no interior dos centros mineradores.

A relativa liberdade da população durou pouco e começou a chegar ao fim principalmente a partir de 1709, com o auge e o final das sangrentas lutas entre os paulistas e os emboabas. A violência e a insegurança generalizadas tornaram aceitável uma autoridade central com maiores poderes. Foi a grande oportunidade que o governo português esperava para impor um maior controle sobre a região e suas riquezas. Antonil, sempre muito favorável ao poder real, saudou essas mudanças político-administrativas:

Agora soubemos que Sua Majestade manda governador, ministros de justiça, e levantar um terço de soldados nas minas, para que tudo tome melhor forma e governo.

No ano de 1709 o governo português criou a capitania de São Paulo e Minas de Ouro, separando a região mineradora do Rio de Janeiro.

O aumento do poder da Coroa se consolidou principalmente a partir de 1720, quando a nova capitania passou a ser governada pelo Conde de Assumar. Este implantou em Vila Rica uma Casa de Fundição para cobrança do quinto, sufocando violentamente uma revolta liderada pelo tropeiro* Filipe dos Santos contra a nova forma de cobrança de impostos.

DA ORGANIZAÇÃO DAS MINAS

Uma das primeiras funções do poder real, assim que começaram as descobertas, foi distribuir as chamadas datas, isto é, terrenos delimitados onde deveria se realizar a pesquisa do minério. Para descrever esse processo de distribuição, *Cultura e opulência* é uma das melhores fontes históricas.

Toda descoberta de ouro devia ser comunicada ao superintendente das minas, e este mandava ao local o guarda-mor, para proceder à repartição em datas do lugar de pesquisa. Uma primeira data ficava para o descobridor, uma para a fazenda real e outra para o guarda-mor. As demais eram sorteadas, mas, no sorteio, eram beneficiados aqueles que tivessem maior número de escravos. Todos podiam vender suas datas; o poder real, que nunca explorou diretamente o ouro, frequentemente vendia as suas em leilão.

RIQUEZA E POBREZA NAS MINAS

Antonil calculou que naqueles primeiros tempos a produção de ouro atingia a média anual de 300 arrobas*, o que talvez fosse um exagero. Esta estimativa era muito parecida com a da administração portuguesa, que tendia a aumentar os números da produção como forma de cobrar mais impostos dos mineradores. Mas, sem dúvida, eram grandes as quantidades de ouro então extraídas, e já começavam a ser distribuídas de forma muito desigual.

A pesquisa histórica tem mostrado que a visão de uma grande riqueza mais ou menos bem distribuída entre a população mineradora é enganosa. Hoje sabemos que essa riqueza — como é comum na história do Brasil — se concentrou nas mãos de poucos, ou seja, da administração portuguesa, de alguns pioneiros e dos grandes comerciantes, que cobravam preços altíssimos. A maioria dos faiscadores e de outros trabalhadores

Vista de Sabará, numa gravura de Rugendas.

ganhava pouco e, além dos impostos, pagava muito pelos produtos que consumia. Esta situação foi percebida pelo nosso autor que descreveu os

[...] descobridores dos ribeiros, como uns mais bem afortunados nas datas, e também os que, metendo gado e negros para os venderem por maior preço, e outros gêneros mais procurados, ou plantando, ou comprando roças de milho nas minas, se foram aproveitando do que outros tiraram.

Tratando dos que enriqueceram rapidamente, ele menciona, em primeiro lugar, Artur de Sá, o governador da capitania, na época residente no Rio de Janeiro, que, em dois períodos de permanência na região das minas, acumulou "grande cabedal*". Entre outros novos ricos aparecem nomes conhecidos na história como Manuel Nunes Viana, o líder dos emboabas, paulistas como Manuel de Borba Gato, Garcia Rodrigues Pais, Amador Bueno da Veiga e vários membros da família Penteado.

Mas alguns desses grandes aventureiros não foram tão bem-sucedidos. Um certo Tomás Ferreira enriqueceu trazendo boiadas da Bahia, explorando roças e usando muitos escravos em catas, mas "tratando de cobrar ouro que se lhe devia, houve entretanto quem lhe deu por desgostos umas poucas balas de chumbo, que é o que sucede não poucas vezes nas minas".

Mesmo por meio do pequeno comércio, usando negros de ganho* para vender garapa, aguardente e petiscos, era possível acumular riqueza e

[...]por isso, até os homens de maior cabedal, não deixaram de se aproveitar por este caminho dessa mina à flor da terra, tendo negras cozinheiras, mulatas doceiras e crioulos taverneiros, ocupados nesta rendosíssima lavra e mandando vir dos portos do mar tudo o que a gula costuma apetecer e buscar.

O ABASTECIMENTO NAS MINAS

Sabemos que principalmente no início da corrida do ouro o abastecimento da região foi um grave problema, na medida em que a terra que dava ouro era "esterilíssima de tudo o que há mister para a vida humana [...]". Chegaram a ocorrer violentos surtos de fome nos anos de 1697-1698 e de 1700-1701, quando foram achados "não poucos mortos com uma espiga de milho na mão".

Essas situações de carência foram superadas depois que o ouro apareceu em quantidades cada vez maiores, tornando muito lucrativo o trabalho de abastecer a população mineradora. O comércio dessa época foi descrito da seguinte forma:

[...] e logo começaram os mercadores a mandar às minas o melhor que chega nos navios do Reino e de outras partes, assim de mantimentos, como de regalo e de pomposo para se vestirem, além de mil bugiarias* de França, que lá também foram dar. E, a este respeito, de todas as partes do Brasil se começou a enviar tudo o que dá a terra, com lucro não somente grande mas excessivo. E não havendo nas minas outra moeda mais que ouro em pó, o menos que se pedia e dava por qualquer cousa eram oitavas. Daqui se seguiu mandaram-se às minas boiadas de Paranaguá, e às do rio das Velhas as boiadas dos campos da Bahia, e tudo o mais que os moradores imaginavam poderia apetecer-se de qualquer gênero de cousas naturais e industriais, adventícias e próprias.

Por este detalhe de uma gravura de Debret, pode-se verificar como a carga era acondicionada no lombo do burros.

Dessa forma, o autor mostrava que a economia mineradora ia fomentando as atividades econômicas de outras partes do Brasil e mesmo do exterior. Podemos notar, em especial, a venda de escravos das áreas açucareiras para o centro minerador, que também recebia gado do sul e principalmente do sertão da Bahia, além de outras mercadorias da região litorânea. Assim começava a surgir uma economia que se pode chamar de brasileira, pois com essas trocas estava-se realizando uma integração econômica do país.

OS CAMINHOS DO OURO

Na parte que trata da mineração, *Cultura e opulência* nos dá uma descrição minuciosa das formas de viajar e dos vários caminhos

A aquarela de Debret mostra tropeiros e seus muares partindo d ladeira do Carmo, em São Paulo, em direção ao Rio de Janeiro.

usados por homens, animais e mercadorias para chegar e sair "das minas". Essas viagens se realizavam a pé ou com burros, cavalos e mulas, formando tropas.

Geralmente, de São Paulo às "minas dos Cataguás" se levava até dois meses, "marchando à paulista", isto é, caminhando do alvorecer até o meio-dia e, excepcionalmente, até as duas da tarde. Nas paradas de cada dia, os viajantes, além de descansar, procuravam na floresta por peixe, caça, mel de pau e outros alimentos básicos.

O caminho que saía da vila de São Paulo passava primeiro pelo Vale do Paraíba, transpunha a serra da Mantiqueira e, chegando à serra de Itatiaia, se dividia em dois: um para as minas do Caeté, Ribeirão do Carmo e Ouro Preto, e outro em direção ao rio das Velhas.

Nesses roteiros foram surgindo pontos de pousada mais frequentados, onde se desenvolviam roças de mantimentos, como milho, feijão, banana e abóbora, a serem vendidos aos viajantes. Esses locais deram origem a bairros e vilas que se tornaram cidades.

Para os que saíam da vila de São Paulo, a localidade de Nossa Senhora da Penha, já frequentada pelas antigas bandeiras e hoje um bairro paulistano, era o primeiro lugar de pouso. Seguiam-se locais hoje conhecidos como cidades: Itaquaquecetuba, Mogi, Laranjeiras, Jacareí, Pindamonhangaba e Guaratinguetá. Depois se realizava a passagem da Mantiqueira, e os viajantes iam chegando às localidades "mineiras": Pinheirinhos, Rio Verde, Caxambu, Ubaí e Ingaí.

A passagem da grande serra era marcada por um aumento desproposito dos preços nos lugares de pouso e, referindo-se aos comerciantes locais, Antonil dizia: "todo o que passou a serra da Mantiqueira aí deixou dependurada ou sepultada a consciência".

Entre o Rio de Janeiro e os centros mineradores, no início do século XVIII, existiam o caminho velho e o caminho novo, este último surgido a partir das descobertas. Pelo caminho velho a viagem a pé demorava em média trinta dias, num trajeto que passava por Parati, Taubaté, Pinda e Guaratinguetá. No caminho novo, podia-se chegar em até doze dias, passando por rios, como o Iguaçu, o Paraíba e o Paraibuna.

Existia ainda o caminho que partia de Salvador e chegava ao rio das Velhas, passando pelos sertões, margeando o rio São Francisco, onde os pontos de pouso eram os currais e as fazendas. Dizia-se que "este caminho da Bahia é muito melhor que o do Rio de Janeiro e o da vila de São Paulo". Ainda que a distância fosse maior, o terreno oferecia poucos obstáculos, como matas fechadas ou grandes serras, além de se encontrar aberto e conhecido por causa da passagem de boiadas.

OS PROBLEMAS DOS IMPOSTOS

O capítulo intitulado "Da obrigação de pagar El-Rei nosso senhor a quinta parte do ouro que se tira das minas do Brasil" é o de menor interesse para a maioria dos leitores de *Cultura e opulência*.

Essa parte do livro é uma espécie de tratado filosófico, teológico e jurídico, visando demonstrar que os reis portugueses tinham direito de cobrar o quinto dos mineradores. É um longo texto que pode interessar principalmente aos pesquisadores da história dos impostos no Brasil.

No entanto, o fato de o autor dedicar tantas páginas a explicar e justificar a cobrança do quinto é indicativo de que o assunto era importante e gerava muitos conflitos na época. Os historiadores nos mostram que a cobrança de impostos foi uma fonte de problemas principalmente na região das minas.

A cobrança do quinto variou ao longo do século XVIII. Nos primeiros tempos a arrecadação se fez baseada no número de bateias utilizadas por cada minerador. Mantido por muitos anos, esse sistema suscitou uma série de protestos, pois, por ele, mesmo aqueles que não achavam ouro eram obrigados a pagar. Depois o governo começou a cobrar um total fixo de trinta arrobas dos mineradores em geral.

Já nessa época, estava instalada uma polêmica que ia durar todo o século: o governo acusava os mineradores de esconderem parte do ouro e estes diziam que a produção era pequena, e os impostos, escorchantes. Tal situação criou um permanente estado de rebelião em latência que se radicalizava em determinados momentos. Alguns anos depois da publicação do livro de Antonil, o governador, D. Pedro de Almeida, escreveu para Lisboa advertindo o governo metropolitano:

A terra parece que evapora tumultos; a água exala motins; o ouro toca desaforos; destilam liberdades os ares; vomitam insolências as nuvens; influem desordens os astros; o clima é tumba da paz e berço da rebelião.

Talvez por querer estar bem com o poder colonial, Antonil praticamente não mencionou esse espírito de rebelião que, sem dúvida, ainda era incipiente na sua época, mas levaria a importantes revoltas, como a de Filipe dos Santos, em 1720.

O ouro escondido e contrabandeado

Para fugir à voracidade do fisco* português, o ouro — e mais tarde os diamantes — foi escondido e contrabandeado em grande escala e de diversas formas, não obstante a vigilância do poder colonial nas lavras, vilas e caminhos, estes últimos com barreiras de fiscalização em vários pontos.

O ouro em pó ou em pepitas era mais fácil de esconder, resultando daí a obrigatoriedade de o metal circular sob a forma de barras, mais difíceis de ocultar. As punições aos que infringiam essa regra tornaram-se cada vez mais severas, com penas de prisão, confisco e degredo na África.

O contrabando do metal era realizado por pobres e ricos, funcionários e elementos do clero, sendo conhecidas aqui também as imagens ocas de santos que serviam para esconder o pó e as pepitas. A maioria dos infratores atuava individualmente, mas existiram grandes quadrilhas de contrabandistas.

Antonil chegou a afirmar que sólidas fortunas se fizeram nessa prática de lesar o fisco. Talvez com certo exagero e repetindo o que diziam os governantes, ele afirmava que "a maior parte do ouro que se tira das minas passa em pó e em moedas para reinos estranhos e a menor é que fica em Portugal e nas cidades do Brasil".

Conclusões desse tipo criaram problemas importantes para os pesquisadores da história do Brasil, por exemplo, negar ou confirmar as afirmações do jesuíta italiano sobre os níveis de produção, bem como estabelecer o montante de ouro contrabandeado e o seu destino. Essas são pesquisas bastante difíceis na medida em que as atividades de contrabandistas não costumam deixar rastros e muito menos documentos escritos.

OS SONHOS COM A PRATA

Antonil, ainda que visse a mineração como atividade de aventureiros e como algo secundário para a prosperidade do Brasil, foi também envolvido pelo entusiasmo da procura de metais preciosos que predominava na colônia naquele início do século XVIII. Nos capítulos XV e XVI ele tratou de outra grande esperança da época: a descoberta de minas de prata.

Nesses capítulos, que têm como títulos "Notícias para se conhecerem as minas de prata" e "Modo de conhecer a prata", o autor, como era habitual, mostra bons conhecimentos técnicos, descrevendo o tipo de solo onde o metal poderia ser localizado e as formas como deveria ser extraído e beneficiado. No entanto, a prata não apareceu, frustrando os inúmeros aventureiros que a procuraram, principalmente nos territórios de Mato Grosso e Goiás.

DOS MALES DO OURO

O último capítulo da parte sobre a mineração recebeu o seguinte título: "Dos danos que tem causado ao Brasil a cobiça depois do descobrimento do ouro nas minas". Esse título revela claramente a desconfiança do autor com relação à economia mineradora e à nova sociedade que dela surgia.

As riquezas descobertas estavam gerando um clima de euforia no país, mas Antonil mostrou, às vezes de forma profética, que também começavam a surgir inúmeros problemas, porque, como ele dizia, "Não há cousa boa que não possa ser ocasião de muitos males, por culpa de quem não usa bem dela".

Um primeiro problema apontado era a invasão do território das minas por grande número de pessoas e, em especial, por elementos, que ele julgava perniciosos, de três categorias sociais: os homens de cabedal, os vadios e vários componentes do clero.

A riqueza pôs a perder muitos homens de cabedal na medida em que os tornou arrogantes, violentos e vingativos, sempre acompanhados de capangas para impor as suas vontades. E, além disso,

Convidou-os o ouro a jogar largamente e a gastar em superfluidades quantias extraordinárias, sem reparo, comprando (por exemplo) um negro trombeteiro por mil cruzados, e uma mulata de mau trato por dobrado preço, para multiplicar com ela contínuos e escandalosos pecados.

Sobre os vadios, que eram na sua maior parte os marginalizados da riqueza das minas, o autor nos diz que eram responsáveis pelo grande número de roubos, violências, crimes praticados muitas vezes com grande crueldade.

Os elementos do clero, até mesmo bispos, também eram censurados pela procura de riqueza, pela vida escandalosa que levavam e por não se preocuparem com os assuntos da religião.

Ao final, ele mais uma vez lamentava que os crimes nas minas ficassem sem punição e via com grande esperança o aumento da autoridade do governo português.

Um outro problema mencionado era o da inflação, que começava a aparecer na história do Brasil. Com a riqueza do ouro, o preço dos escravos e de outros produtos aumentou de forma incessante, não apenas na região das minas, mas nas diversas partes do país. Iniciou-se um período de grandes dificuldades para os produtores de açúcar e fumo, que deviam pagar mais pela mão de obra e por outros produtos. Dessa forma, o autor começava a pensar os problemas do Brasil de modo integrado, mostrando que o aumento da riqueza numa região podia trazer problemas para outras.

Diante dessa nova riqueza, que dependia mais da sorte do que do trabalho e que criava uma série de problemas, é que podemos compreender por que para o autor as melhores minas do Brasil eram os engenhos e as plantações de fumo.

CAPÍTULO 5

O GADO DO SERTÃO

A menor parte do livro tem um título extenso que pode ser resumido assim: "Cultura e opulência do Brasil pela abundância do gado e courama". Nessa pequena parte, o autor trata da criação de gado nos sertões da Bahia e do restante do Nordeste que se desenvolveu como atividade acessória da lavoura canavieira instalada no litoral.

No início do século XVIII, o gado tornava-se cada vez mais importante, pois era usado como meio de transporte, puxando os carros de bois, e como fornecedor de alimentos e de matérias-primas, principalmente couro.

Nos antigos engenhos tipo trapiche encontravam-se moendas movimentadas por parelhas de bois, e neles geralmente o número de bois era igual à quantidade de escravos. Para moer a cana utilizavam-se doze animais revezados em turnos. Para a moenda e os carros para transporte, cada engenho devia possuir em média sessenta bois, que ao fim de três anos, quando mostravam sinais de esgotamento, deviam ser substituídos.

Na época em que foi escrito o livro *Cultura e opulência*, a criação de gado já estava bastante desenvolvida nos sertões da Bahia e do Nordeste, que foram percorridos pelo autor nas suas funções religiosas, principalmente quando empreendeu viagens ao interior do Ceará e do Rio Grande do Norte, a fim de visitar as missões dos jesuítas junto aos índios tapuias.

A GEOGRAFIA DO GADO

Os currais da Bahia margeavam o rio São Francisco, o chamado "rio dos currais", e outros cursos d'água menores, e tinham como limites ao sul o rio das Velhas e o rio das Rãs. Em todo esse vasto território encontravam-se aproximadamente quinhentos currais.

A outra vasta área de criação teve origem em Pernambuco e contava com mais ou menos oitocentos currais. Estendia-se ao norte do rio São Francisco e chegava até o Piauí.

Os currais da Bahia e de Pernambuco tiveram origem nos engenhos do litoral que, nos primeiros tempos, criavam gado em suas dependências. Mas este gado nos engenhos tornou-se um problema. Criar gado era pouco lucrativo para os senhores, que desejavam utilizar toda a terra para a produção de cana, tendo em vista os altos rendimentos do açúcar. O próprio governo português, interessado nos lucros dos engenhos, proibiu a criação de gado no litoral.

Dessa forma, ao longo de muitos anos o gado foi sendo expulso progressivamente para o sertão. Processou-se uma divisão do trabalho, com o litoral produzindo açúcar e o sertão criando gado em fazendas organizadas a pelo menos dez léguas do litoral, onde se encontrava "largueza de campo", em sesmarias doadas pelo governo.

A ORGANIZAÇÃO DAS FAZENDAS

As sesmarias eram doadas àqueles que pudessem "deitar gado dentro de seis meses", e cada fazenda tinha geralmente duas léguas, com mais uma que servia para limite com outras propriedades, uma vez que não existiam cercas ou outras formas mais aperfeiçoadas de demarcação.

Conseguida a terra, era simples a montagem da fazenda, bastando uns poucos trabalhadores, uma casa de palha e algumas cabeças de gado, cujo número seria aumentado por meio da "parição" e do "favorecimento" do tempo com um mínimo de chuva.

Para cuidados rudimentares com o gado, nas imensidões das fazendas, tornava-se necessário empregar dez ou doze peões, trabalhadores livres que eram em sua maioria índios e mestiços, aventureiros ou fugitivos (escravos ou criminosos) da região litorânea. Esses vaqueiros eram geralmente pagos em espécie, com 1/4 das crias, o que colaborava para que depois de alguns anos eles pudessem tornar-se fazendeiros ou, o que era mais frequente, arrendatários.

Todo esse processo de formação das fazendas iniciou-se na segunda metade do século XVII, e no início do XVIII a propriedade das terras havia se tornado extremamente concentrada, como podemos verificar no texto abaixo:

Sendo o sertão da Bahia tão dilatado, como temos referido, quase todo pertence a duas das principais famílias da mesma cidade, que são a da Torre, e a do defunto mestre de campo Antônio Guedes de Brito. Porque a casa da Torre tem duzentas e sessenta léguas* pelo rio de São Francisco, acima à mão direita, indo para o sul, e indo do dito rio para o norte chega a oitenta léguas. E os herdeiros do mestre de campo Antônio Guedes possuem desde o morro dos Chapéus até a nascença do rio das Velhas, cento e sessenta léguas. E nestas terras, parte os donos delas têm currais próprios, e parte são dos que arrendaram sítios delas, [...].

No início do século XVIII, calculava-se em quinhentos mil o número de cabeças de gado nos currais da Bahia, enquanto em Pernambuco o número seria de oitocentos mil. Esses números eram muito pequenos se pensarmos na vastidão dos territórios ocupados, mas a pobreza do meio natural não permitia um aumento significativo no número de animais.

DOS CURRAIS AOS MERCADOS

Nos séculos XVII e XVIII, o gado saía do sertão para ser vendido na faixa litorânea que se estendia do Maranhão até a Bahia, e especialmente em Pernambuco e no Recôncavo. Depois, um outro grande mercado começou a surgir nas áreas da mineração.

De passagem, Antonil informa que para abastecer as Minas Gerais estavam se formando pequenos currais no Rio de Janeiro, e que o

A gravura de Rugendas, do século XIX, retrata um vaqueiro de Goiás na sua lida diária, indicando que um século depois de Antonil a realidade pouco tinha mudado.

gado na região de Curitiba "vai crescendo e multiplicando cada vez mais".

Retornando ao sertão nordestino, eram dadas também informações sobre a condução das boiadas aos locais de consumo, os preços alcançados e as variadas formas de utilização do gado.

As boiadas possuíam de cem a trezentas cabeças e eram conduzidas por vaqueiros que

> [...] *são brancos, mulatos e pretos, e também índios, que com este trabalho procuram ter algum lucro. Guiam-se indo uns adiante*

cantando, para serem desta sorte seguidos do gado, e outros vêm atrás das reses, tangendo-as, e tendo cuidado que não saiam do caminho e se amontoem. As suas jornadas são de quatro, cinco e seis léguas, conforme a comodidade dos pastos aonde hão de parar. Porém, aonde há falta de água, seguem caminho de quinze e vinte léguas, marchando de dia e de noite, com pouco descanso, até que achem paragem aonde possam parar. Nas passagens de alguns rios, um dos que guiam a boiada, põe uma armação de boi na cabeça, e nadando, mostra às reses o vão por onde hão de passar.

A entrega dos animais podia se fazer nos lugares onde iam se servir deles, ou realizar-se em feiras de gado como as de Jacobinas e Capoame (Feira de Santana atual), onde os animais eram comprados para engorda e posterior revenda.

Da utilidade do gado

A importância do gado na sociedade brasileira tornou-se cada vez maior e, no início do século XVIII, a sua utilização, das mais variadas, podia ser vista no texto abaixo:

Para que se faça justo conceito das boiadas que se tiram cada ano dos currais do Brasil, basta advertir que todos os rolos de tabaco que se embarcam para qualquer parte vão encourados. [...] bem se vê quantas reses são necessárias para encourar vinte e sete mil e quinhentos rolos.

Além disto, vão cada ano da Bahia para o Reino até cinquenta mil meios de sola; de Pernambuco quarenta mil, e do Rio de Janeiro [...] até vinte mil, que vêm a ser, por todos, cento e dez mil meios de sola.

O certo é que não somente a cidade, mas a maior parte dos moradores do recôncavo mais abundantes, se sustentam nos dias não proibidos de carne de açougue, e da que se vende nas freguesias e vilas, e que comumente os negros, que são um número muito grande nas cidades, vivem de fressuras*, bofes e tripas, sangue e mais fato* das reses, e que no sertão mais alto a carne e o leite é o ordinário mantimento de todos.

Sendo também tantos os engenhos do Brasil que cada ano se fornecem de bois para os carros e os de que necessitam os lavradores de *canas, tabaco, mandioca, serrarias e lenhas, daqui se poderá facilmente inferir quantos haverão mister de ano em ano, para conservar este trabalho meneio*.*

O gado era, portanto, empregado na alimentação; fornecia o couro usado na embalagem dos rolos de fumo e na produção dos meios de sola para calçados, provendo ainda a força motriz dos carros de bois e das moendas, serrarias e outras oficinas.

Mesmo sendo uma atividade acessória da produção do açúcar, do fumo e depois da mineração, a criação de gado foi se tornando cada vez mais importante nos fornecimentos para o mercado interno e para as exportações, dando ocupação a trabalhadores livres numa sociedade escravocrata, possibilitando a ocupação de vastos territórios do interior do país e permitindo, para a passagem das boiadas, a abertura de caminhos entre as várias regiões brasileiras.

CAPÍTULO 6

MISÉRIAS DO BRASIL

> "Ter nascido nas colônias não é dos menores males de uma vida."
> Vilhena

O padre Andreoni morreu em Salvador em março de 1716 e, poucos anos depois, no dia 20 de julho de 1720, realizou-se em Vila Rica, nas Minas Gerais, um espetáculo macabro: a execução de Filipe dos Santos, um tropeiro nascido em Portugal que, depois de executado, teve cada um dos seus braços e pernas puxado por cavalo, até seu corpo ficar despedaçado. Com essa terrível punição, o governo português punha fim à revolta dos mineradores contra a cobrança de impostos.

Nos anos que se seguiram, a violência do poder metropolitano só fez aumentar, chegando aos seus pontos máximos na região onde foram descobertos diamantes e na repressão aos movimentos de independência dos fins do século XVIII, em Minas Gerais e na Bahia. Mas as maiores violências na colônia ocorriam no trato cotidiano com os escravos.

MISÉRIA E ESCRAVIDÃO

Segundo os seus críticos, Antonil falou da opulência, isto é, das riquezas do Brasil, mas não fez menção de forma explícita a alguns dos problemas fundamentais da colônia, como o da concentração de renda. Neste caso ele não percebeu, ou não quis perceber, o fato de que principalmente índios e negros escravizados, além dos muitos brancos pobres, mesmo na região das minas, viviam de forma miserável, em meio à grande riqueza produzida.

Ainda segundo seus críticos, ele encarou a escravidão dos negros como um mal necessário para a economia colonial e apenas procurou amenizá-la. Como vimos na parte sobre o engenho, ele apelava tão somente para o sentimento cristão dos senhores, bem como para os seus interesses econômicos, quando dizia que os escravos não deviam ser maltratados.

Além disso, ele e seu compatriota e companheiro de ordem Jorge Benci, autor do *A economia cristã dos senhores no governo dos escravos*, tornaram-se defensores da escravização dos índios pelos paulistas no fim do século XVII, sempre com o raciocínio do mal necessário. Vale a pena relembrar alguns acontecimentos que envolveram os jesuítas, como forma de conhecer o pensamento da época sobre a escravidão.

Desde o início da colonização os jesuítas se opunham à escravização dos índios. No Maranhão e no Pará chegaram a ocorrer grandes conflitos entre os colonos e os religiosos e outros choques

Igreja de Nossa Senhora do Rosário, em Embu (SP), típica construção jesuítica.

ocorreram em São Paulo a partir de 1680. Nesse ano, uma lei entregou os índios da capitania, que deveriam ser cristianizados, aos cuidados dos jesuítas. A nova lei prejudicava os paulistas, que, extremamente pobres, não possuíam recursos para importar escravos africanos e faziam da caça e escravização dos índios uma das bases da sua economia. Nos anos de 1682 e 1683 desencadearam-se na vila de São Paulo protestos e motins contra o governo e os jesuítas, sendo que estes últimos ficaram ameaçados de ter de encerrar as suas atividades na capitania.

Diante dos problemas em São Paulo, a ordem se dividiu. Em Salvador, seu principal centro, formaram-se dois grupos: um, liderado pelo padre Antônio Vieira, pretendia não ceder às ameaças dos paulistas e manter a tradicional posição dos jesuítas em defesa dos índios; o outro, tendo à frente Andreoni e Jorge Benci, era favorável a negociações. A predominância do último grupo conduziu a acordos que, em termos práticos, deram aos paulistas a possibilidade de escravizar os índios. O padre Vieira, pouco antes de morrer, rompeu em caráter definitivo com Andreoni, que era um dos seus antigos discípulos.

As posições de Andreoni e Benci no problema com os paulistas revelam um tipo de pensamento pronto para conciliar com os grandes interesses econômicos da época, ainda que a Igreja tenha continuado a defender os índios contra os colonos que desejavam escravizá-los.

No entanto, ante os horrores da escravidão negra nas Américas, os católicos pouco fizeram. Os próprios religiosos possuíam escravos e poucos dentre eles condenaram a nefanda instituição escravista. Mesmo o padre Vieira, grande defensor da liberdade dos índios, e que fez sermões comparando os sofrimentos dos escravos negros aos de Cristo, chegou a admitir a escravidão dos africanos como algo inevitável.

O PACTO COLONIAL IGNORADO

Outra crítica feita a *Cultura e opulência* é a de que o livro não menciona o grande problema da economia brasileira, que era o sistema colonial, responsável pelo fato de as riquezas do Brasil beneficiarem principalmente a metrópole.

O chamado pacto colonial, com seu grande número de monopólios, proibições e impostos abusivos, era um obstáculo ao crescimento da produção e do comércio no Brasil. O comércio com o exterior, como sabemos, só podia ser feito com Portugal e por meio de companhias portuguesas autorizadas, realizando-se com grande morosidade através de frotas periódicas. Eram numerosas as atividades econômicas controladas pela Coroa e as manufaturas eram proibidas em solo brasileiro.

Além do pacto colonial, a economia brasileira era atrapalhada pela administração portuguesa, que contava com grande número de funcionários autoritários e incapazes, donos de aberrantes privilégios, famosos pela corrupção e pelos impostos abusivos que cobravam.

Como explicar que praticamente não tenha sido mencionada essa realidade opressiva em *Cultura e opulência*? Em primeiro lugar devemos lembrar que o padre Andreoni, mesmo sofrendo discriminações por ser estrangeiro, era alguém muito próximo da classe dominante colonial e por isso talvez não acreditasse que os problemas gerados pelo pacto fossem tão graves. Ele preferiu ver o lado positivo da realidade que se encontrava no mundo da produção. Além disso, ele, como todos os habitantes da colônia, estava preocupado em evitar confrontos com o aparelho repressivo da Coroa, que, mesmo assim, terminou por atingi-lo, proibindo e destruindo o seu livro.

Mas mesmo com todos esses obstáculos o livro sobreviveu, e o Brasil colonial do século XVIII cresceu, principalmente em termos da produção, tornando-se, na imagem do saudoso Caio Prado Júnior, um enorme corpo com uma cabeça atrofiada, que era a metrópole portuguesa.

Esta produção de riquezas, realizada com as penas e esforços de cada dia, é que foi muito bem estudada pelo livro de Antonil, sendo o mais importante daquilo que podemos e devemos aprender com ele.

EXERCÍCIOS

1. Que papel foi desempenhado pelos comerciantes holandeses para que o açúcar se tornasse artigo de consumo cotidiano pelos europeus?

2. Por que o açúcar devia ser produzido nas colônias desde a matéria-prima até o produto acabado?

3. Até que ponto o engenho descrito por Antonil se assemelhava a uma fábrica moderna?

4. Em qual das gravuras abaixo encontramos o engenho descrito por Antonil? Explique as razões da sua escolha.

5. Quais eram os trabalhos mais penosos e perigosos dentro do engenho, quem os executava e por quê?

6. De que forma as terras podiam dificultar a vida dos senhores de engenho?

7. Sintetize os principais conselhos dados pelo livro de Antonil aos senhores de engenho no tocante às relações com os plantadores de cana.

8. Quais as funções ocupadas por trabalhadores livres no engenho?

9. Baseados nos textos de Antonil, podemos afirmar que os negros estavam conformados com a escravidão? Explique a sua resposta.

10. Que explicações foram dadas para a pretensa superioridade social dos mulatos?

11. Quanto ao estilo de vida dos senhores de engenho, que recomendações se encontram no *Cultura e opulência*?

12. E quanto à educação dos filhos homens dos senhores, o que era recomendado?

13. De que forma era comercializado o tabaco produzido no Brasil?

14. Compare, em termos de cultivo das plantas, os trabalhos nos canaviais e nas plantações de fumo.

15. Na época em que foi escrito o *Cultura e opulência*, que tipo de extração de ouro predominava entre os mineradores?

16. Descreva a primitiva população da região das minas em termos sociais.

17. Que poderes possuía o governo português junto aos mineradores nos primeiros tempos da descoberta do ouro?

18. Quais as principais formas para se enriquecer na região mineradora?

19. Explique os problemas gerados pelo fisco português na região das minas.

20. Em termos sociais, que comparações podemos estabelecer entre a sociedade do Nordeste açucareiro e a sociedade da mineração?

21. Quais as razões que levaram ao desenvolvimento das fazendas de gado no sertão do Nordeste?

22. Com relação à propriedade da terra, na época de Antonil, como estava organizada a região criadora do sertão?

Vocabulário

ALFAVACA: planta aromática.

ALUVIÃO: camada de cascalho, argila e areia existente nas margens de rios e riachos.

AMANCEBAMENTOS: uniões de casais não legalizadas.

APICUS: terras de qualidade inferior.

ARROBAS: medida equivalente a 15 quilos aproximadamente.

BATEIAS: vasilhas de madeira, em forma de peneira manual, que servem para lavar o aluvião e procurar o ouro.

BOÇAIS: na classificação dos senhores, os escravos mais atrasados.

BOUBENTOS: doentes de bouba, uma doença semelhante à sífilis.

BUGIARIAS: produtos supérfluos comprados por pessoas tolas.

CABEDAL: riqueza acumulada.

CALAFATES: trabalhadores que vedam cascos de barcos de madeira, calafetam.

CARAPINAS: carpinteiros sem grande qualificação.

CHARAMELEIROS: músicos, tocadores de instrumento de sopro chamado charamela.

CONTRATO: atividade comercial monopolizada pelo governo português.

CORRIMENTOS: secreções, líquidos que purgam de órgãos doentes.

DATAS: pedaços de terras demarcados e distribuídos pela administração portuguesa depois da descoberta de ouro num local.

DECOADA: processo de purificação do caldo de cana depois do cozimento.

DÍZIMO: contribuição ou imposto pago à Igreja, equivalente à décima parte de um rendimento.

EMBOABA: nome depreciativo com que os paulistas chamavam os que haviam chegado depois deles nas minas.

EMBORRACHAREM: embebedarem.

ENGENHO REAL: engenho cuja moenda era movimentada por um moinho d'água. Era o mais aperfeiçoado da época.

FATO: barrigada do gado.

FISCO: setor da administração pública encarregado da cobrança de impostos.

FOLGUEDOS: brincadeiras, divertimentos.

FORRAR: libertar escravos.

FORTUNA: sorte.

FRESSURAS: vísceras do gado, como fígado, rim e coração.

HUMORES GÁLICOS: secreções provenientes da sífilis, doença venérea chamada de mal-gálico, ou seja, mal-francês.

JORNAL: jornada, dia de trabalho.

LADINO: astuto, esperto.

LAVRADORES OBRIGADOS: os que se dedicavam ao cultivo da cana com obrigação de fazer o açúcar num determinado engenho ao qual deviam pagar com parte do produto.

LÉGUAS: medida que equivale a 6 mil metros. No caso das sesmarias, 6 600 metros.

MALHADAS: canteiros estercados onde se plantava o fumo.

MAMELUCOS: mestiços de índios com brancos. Geralmente o termo designava os paulistas.

MELADURA: ponto em que o caldo da cana se transforma numa calda grossa que dá origem ao açúcar.

MELES: calda grossa que saía das caldeiras e das formas de açúcar.

MENEIO: que não exige muito esforço.

MEZINHA: remédio caseiro.

MISTER: necessário.

NEGROS DE GANHO: escravos que prestavam serviços ou vendiam produtos entregando o que ganhavam aos seus senhores.

***NIHIL OBSTAT*:** expressão latina que significa nenhum impedimento por parte da autoridade religiosa.

OFICIAIS: aqueles que conhecem bem o seu ofício.

OITAVAS: medida antiga para se pesar ouro que equivalia a 3,586 g.

OLEIROS: os que trabalhavam em olarias fabricando com barro vasilhas, telhas e tijolos.

ORAGO: santo que dá nome a uma capela.

PAROL: recipiente de cobre que recebia o caldo da cana em diferentes etapas da fabricação do açúcar.

PARTIDOS: canaviais cuja cana deve ir para determinado engenho.

PEÇONHA: veneno.

PEJADAS: grávidas.

PELOURADAS: lutas com armas chamadas pelouros.

QUINTAR: processo de transformar o ouro em barras, ao mesmo tempo em que se retirava o quinto que era o imposto devido ao rei.

REGALO: prazer.

REMISSOS: omissos, indulgentes.

REPARTIÇÕES: divisões.

SALÕES: solos avermelhados da região açucareira, com certo valor, mas inferiores ao massapé.

SECULARES: aqueles que não são sacerdotes, são leigos.

SEQUELAS: marcas doentias permanentes.

SESMARIAS: terras incultas, consideradas desocupadas e que eram doadas pelo governo português para colonização.

TABARÉUS: ignorantes.

TANGEDORES: músicos, tocadores de instrumentos de corda.

TEMPORAL: que pertence ao mundo, e não ao domínio da religião.

TROMBETEIROS: tocadores de trombetas.

TROPEIRO: aquele que conduz animais de carga, geralmente mulas.

BIBLIOGRAFIA

ANDREONI, João Antônio (André João Antonil). *Cultura e opulência do Brasil* (texto da edição de 1711). Introdução e vocabulário por A. P. Canabrava. São Paulo: Nacional, 1967.

BOSI, Alfredo. *Dialética da colonização*. São Paulo: Companhia das Letras, 1994.

FERLINE, Vera Lúcia Amaral. *A civilização do açúcar. Séculos XVI a XVIII*. São Paulo: Brasiliense, 1994. (Col. Tudo é História, nº 88, 11. ed.)

FURTADO, Celso. *Formação econômica do Brasil*. São Paulo: Nacional, 1988.

HOLANDA, Sérgio Buarque de. *História geral da civilização brasileira*. Tomo I, vol. 2. São Paulo: Difusão Europeia do Livro, 1984.

MELLO E SOUZA, Laura de. *Opulência e miséria das Minas Gerais*. São Paulo: Brasiliense, 1994. (Col. Tudo é História, nº 28, 4. ed.)

NARDI, Jean Baptiste. *O fumo no Brasil colônia*. São Paulo: Brasiliense, 1987. (Col. Tudo é História, v. 121.)

PRADO JR., Caio. *Formação do Brasil contemporâneo*. São Paulo: Brasiliense, 1981.

_____. *História econômica do Brasil*. São Paulo: Brasiliense, 1981.